Usborne

초등 1학년이 꼭 알아야 할 수학

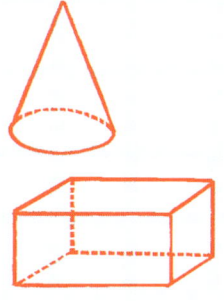

케이티 데이니스 글, 스테파노 토그네티 그림

앨리스 리즈, 조이 레이 디자인

실라 에버트, 페니 콜트만 전문가 감수

신인수 옮김

차례

이 책에서 다루고 있는 주제들이에요.

 4　수학이란 무엇일까요?

123　8　수와 숫자

＋－　14　덧셈과 뺄셈

관심 있는 주제를 먼저 살펴보아도 좋아요.

×÷　28　곱셈과 나눗셈

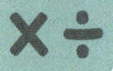　42　분수

　46　측정하기

　58　시간 말하기

수학에 관한 정보를 더 많이 얻고 싶다면?

어스본 바로가기(usborne.com/quicklinks)에 방문해서 검색창에 'All the Maths you need to know by age 7'을 입력해 보세요. 이 책에서 다루는 주제에 관한 영상, 간단한 온라인 활동과 퀴즈 등을 볼 수 있어요. 어린이가 인터넷을 사용하는 동안 보호자가 옆에서 지도해 주세요.

우리는 수학 벌레들이에요.

다양한 수학 문제를 풀 수 있도록 우리가 도와줄 거예요.

 **62** 돈

 **66** 도형

 **70** 위치와 방향

□☆○ **72** 규칙과 배열

‖‖‖‖ **74** 자료 이용하기

? **78** 낱말 풀이

 **80** 찾아보기

이 책에 나온 수학 용어의 뜻은 78-79쪽 '낱말 풀이'에 실려 있어요.

'차례'에서 원하는 주제를 찾을 수 없다면, 80쪽 '찾아보기'를 살펴보세요.

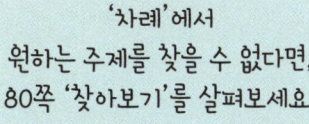

수학이란 무엇일까요?

수학은 문제를 해결하는 일이에요.
우리는 날마다 여러 가지 방식으로 수학을 사용해요.

예를 들면 다음과 같은 경우에 수학이 필요해요.

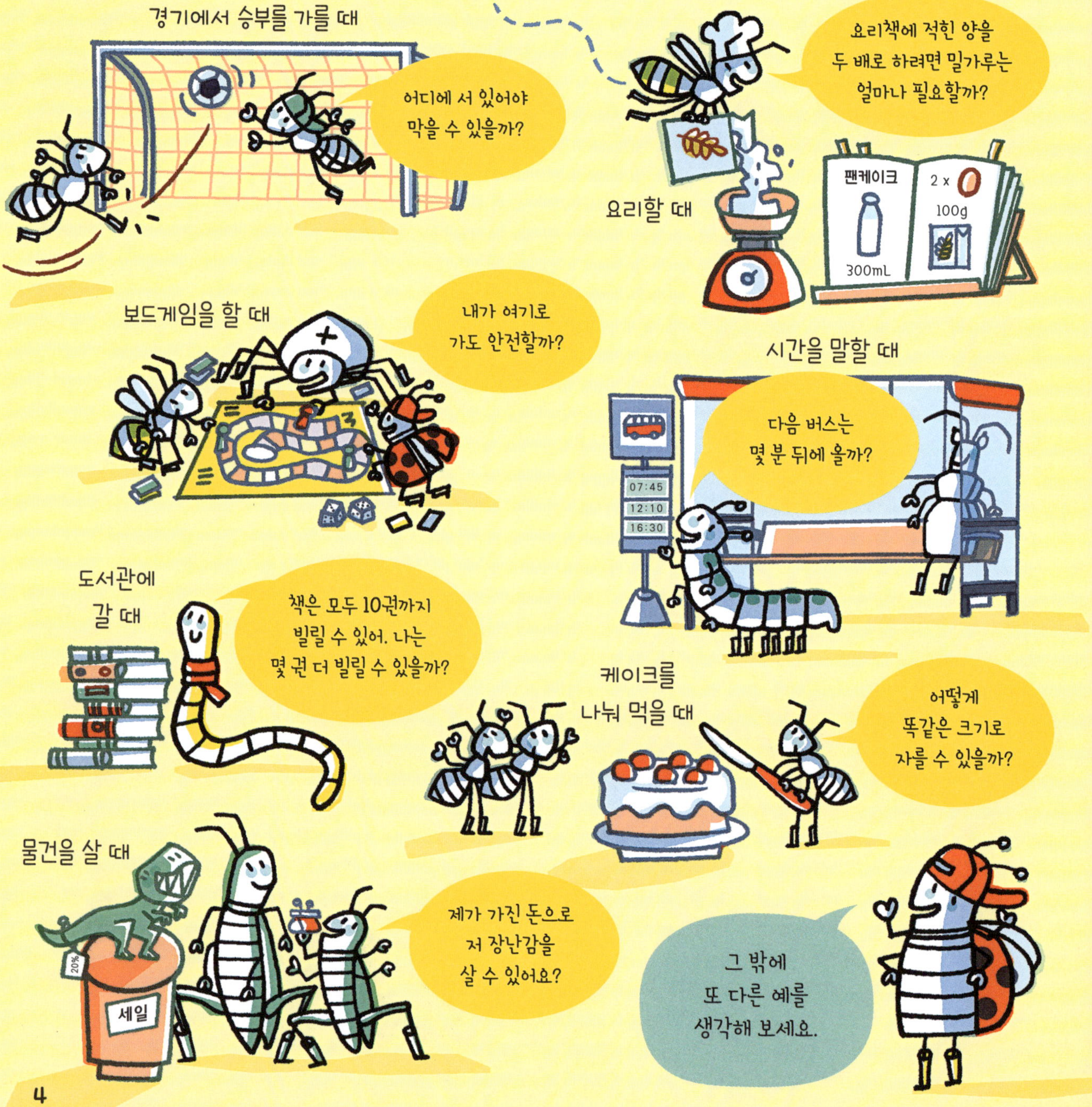

경기에서 승부를 가를 때
어디에 서 있어야 막을 수 있을까?

요리할 때
요리책에 적힌 양을 두 배로 하려면 밀가루는 얼마나 필요할까?

보드게임을 할 때
내가 여기로 가도 안전할까?

시간을 말할 때
다음 버스는 몇 분 뒤에 올까?

도서관에 갈 때
책은 모두 10권까지 빌릴 수 있어. 나는 몇 권 더 빌릴 수 있을까?

케이크를 나눠 먹을 때
어떻게 똑같은 크기로 자를 수 있을까?

물건을 살 때
제가 가진 돈으로 저 장난감을 살 수 있어요?

그 밖에 또 다른 예를 생각해 보세요.

수학을 더 쉽게 잘할 수 있는 여러 가지 **요령**과 **기술**이 있어요.

많은 양을 셀 때 **작대기**를 그으면 편해요.

수를 **더하거나 뺄** 때 손가락을 사용할 수 있어요.

큰 수만큼 먼저 편 다음, 작은 수만큼 더 펴요!

7에 2를 더하면 얼마일까요?

먼저 손가락 7개를 펴요.

그다음에 손가락 2개를 더 펴요.
손가락이 모두 몇 개 펴져 있나요?

9개요!

8에서 5를 빼면 얼마일까요?

먼저 손가락 8개를 펴요.

그다음에 손가락 5개를 접어요.
펴진 손가락이 몇 개 남았나요?

3개요!

이 책을 보면 수학에 도움이 되는 방법을 더 많이 찾을 수 있을 거예요.

수는 **글자**, **숫자**, 심지어 **무늬**로도 나타낼 수 있어요.

123

주사위는 이런 무늬로 1부터 6까지 나타내요.

0부터 9까지의 숫자를 써서 여러 가지 수를 나타낼 수 있어요.

사람들은 수천 년 동안 손가락을 써서 수를 셌어요.

고대 인도에서 0부터 9까지 숫자가 만들어졌어요. 사용하기가 편해서 널리 쓰이게 되었죠.

9보다 더 큰 수는 10씩 수를 묶은 다음…

…나머지 수를 세요.

10개가 1묶음 있어.

남은 게 2개 있어.

숫자 두 개를 나란히 써서 두 자리 수를 만들어요.

12야!

1 2 3

숫자는 짝수와 홀수가 있어요.

짝수는 둘로 똑같이 나눌 수 있어요.

나한테 구슬이 6개 있어.

둘로 똑같이 나눌 수 없으면 홀수예요.

나한테 딸기가 7개 있어.

우리 둘이 3개씩 가지자.

내가 4개 먹을 테니까, 너는 3개 먹어.

한 자리 수를 세어 볼까요?
수가 아무리 높아져도 홀수, 짝수, 홀수, 짝수 순서로 계속 이어질 거예요.

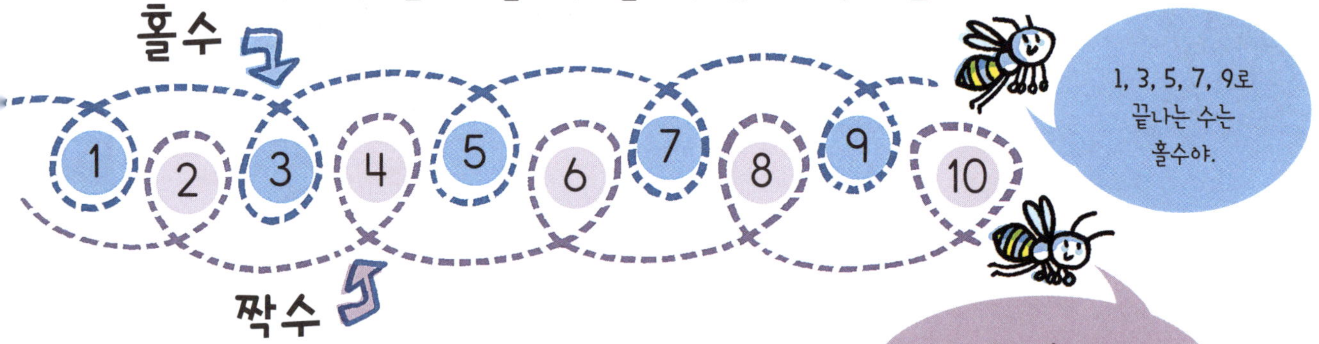

홀수 ↴

1 2 3 4 5 6 7 8 9 10

짝수 ↲

1, 3, 5, 7, 9로 끝나는 수는 홀수야.

2, 4, 6, 8, 0으로 끝나는 수는 짝수야.

Q. 다음 수들은 짝수일까요, 홀수일까요?

52 78 75

정답 : 52와 78은 짝수, 75는 홀수예요.

수를 셀 때는 숫자를 **순서**에 맞게 차례대로 **배열**해요.

1 2 3

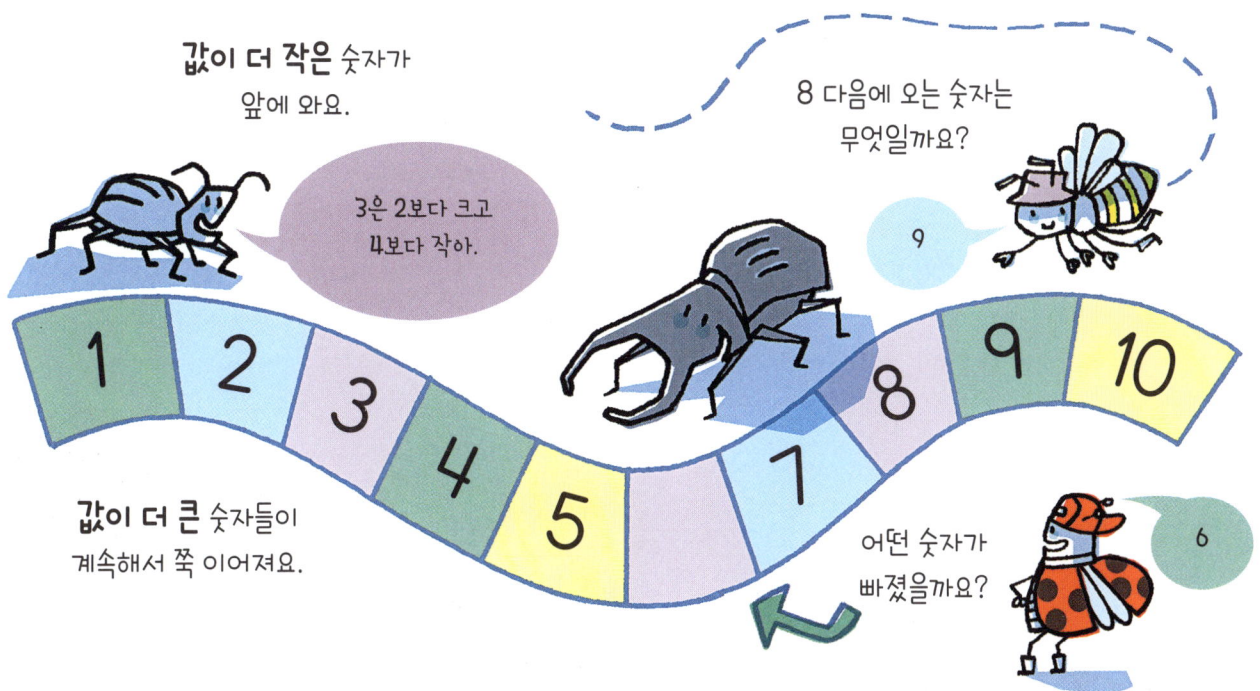

일직선에 숫자를 쭉 적어 놓으면 많은 수학 문제를 풀 수 있어요.

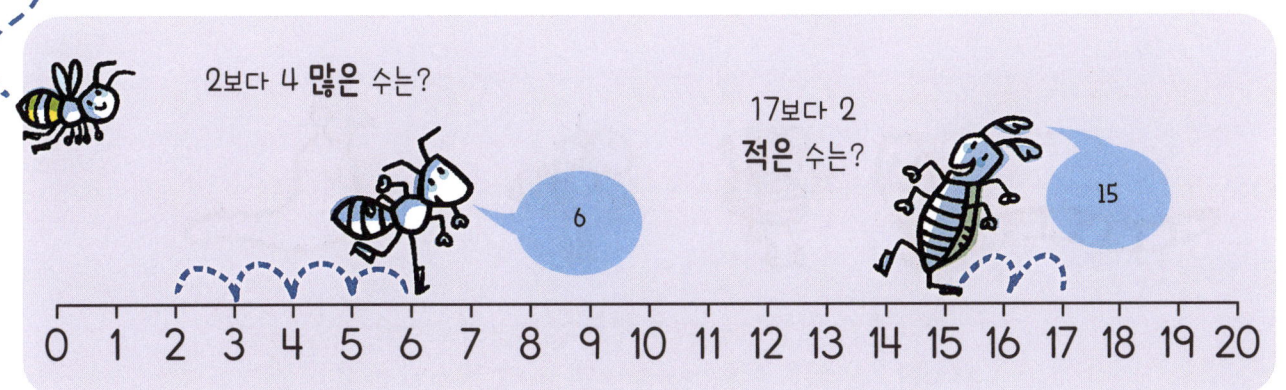

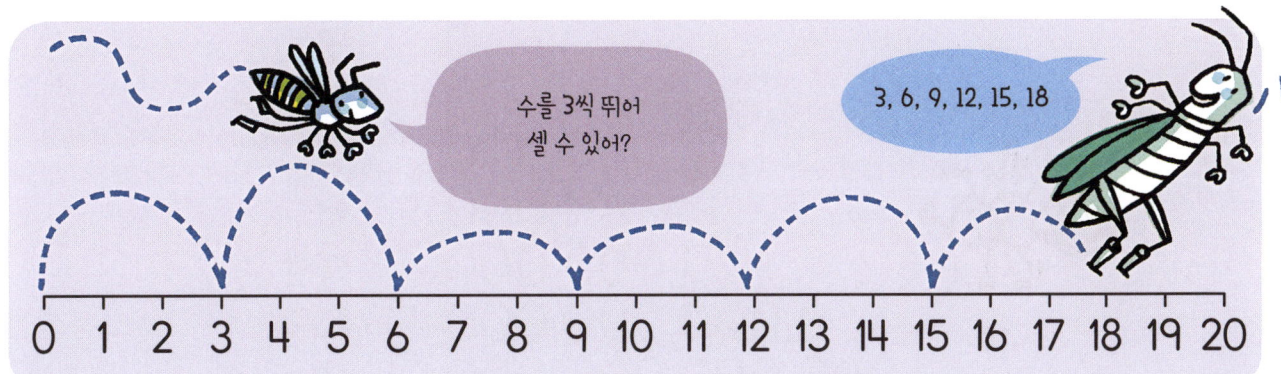

1 2 3

숫자는 값이 굉장히 **큰 수**도 있고 아주 작은 **수**도 있어요.

머리카락은 몇 개나 있을까요? 큰 수일까요, 작은 수일까요?

백 개는 넘어.

천 개도 넘어.

백만 개보다는 적을까?

사람의 머리카락은 대략 100,000(십만)개예요.

여러분이 아는 가장 큰 수는 무엇인가요?

10억. 1조. 그럼 난 1조 더하기 1.

아무리 큰 수라도 언제나 거기에 1을 더할 수 있어요!

여러분이 아는 가장 작은 수는 무엇인가요?

1? 절반? 0!

0이 혼자 있을 때는 **아무것도 없다**는 뜻이에요.
하지만 0을 다른 숫자 다음에 쓰면, 아주 큰 수가 돼요.

각 수마다 0이 몇 개나 필요한지 세어 보세요.

0	영
10	십
100	백
1,000	천
1,000,000	백만
1,000,000,000	10억
1,000,000,000,000	1조

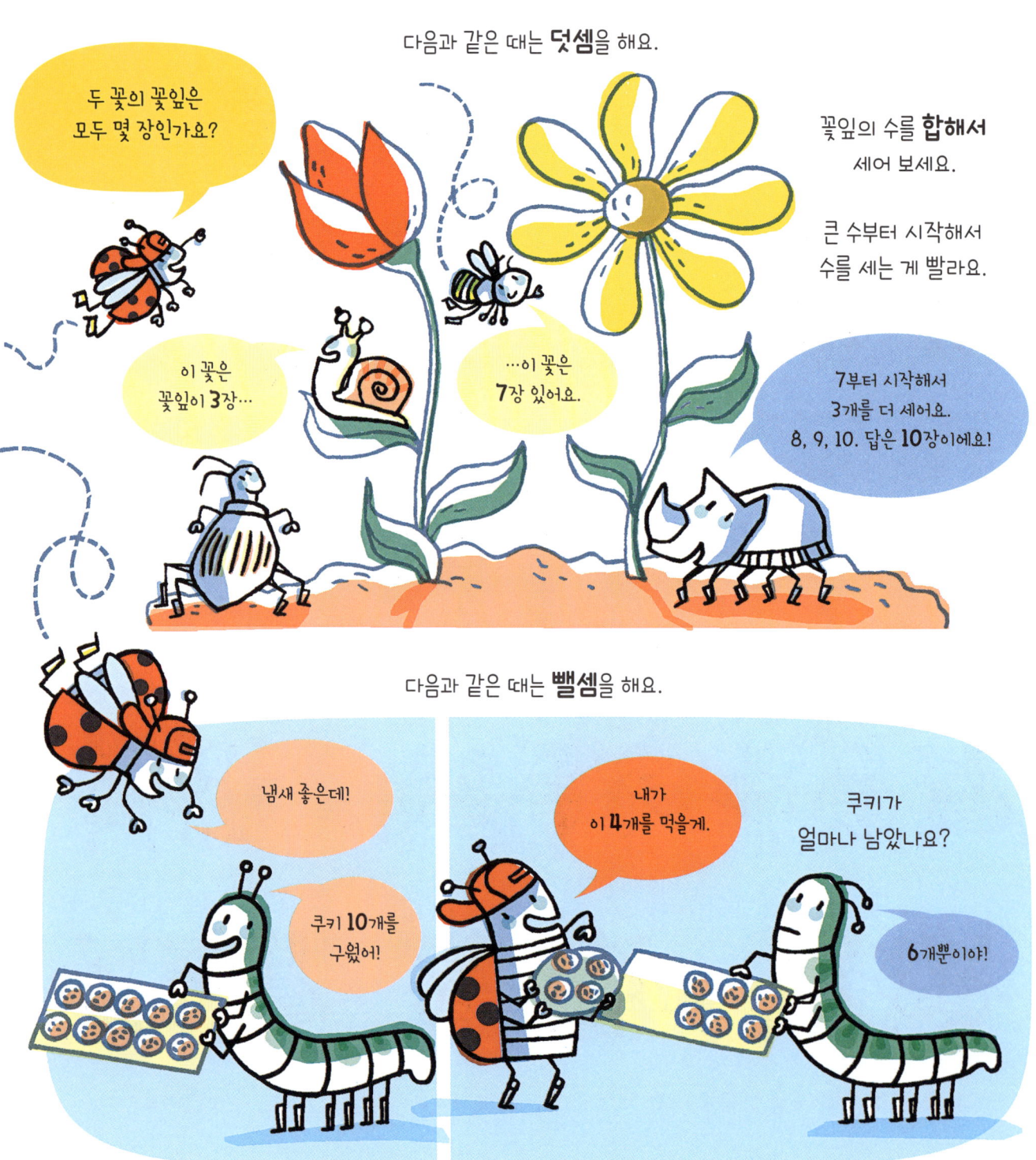

수학에서는 부호를 써서 문제를 간단히 나타낼 수 있어요.

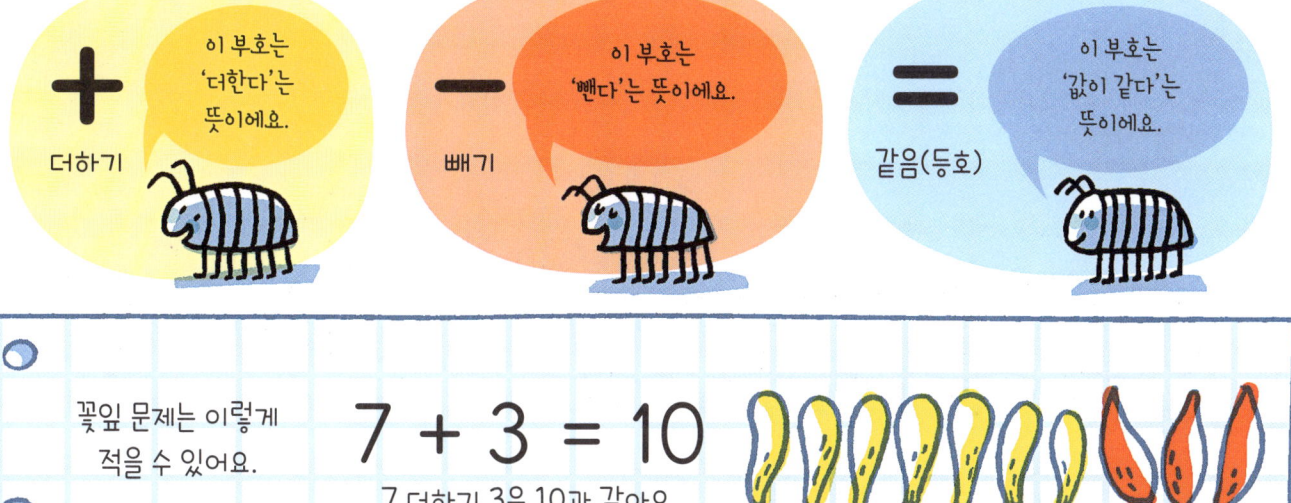

+ 더하기 — 이 부호는 '더한다'는 뜻이에요.

− 빼기 — 이 부호는 '뺀다'는 뜻이에요.

= 같음(등호) — 이 부호는 '값이 같다'는 뜻이에요.

꽃잎 문제는 이렇게 적을 수 있어요.

$7 + 3 = 10$

7 더하기 3은 10과 같아요.

쿠키 문제는 이렇게 적을 수 있어요.

$10 - 4 = 6$

10 빼기 4는 6과 같아요.

Q. 다음 문제는 부호를 사용해서 어떻게 적을 수 있을까요?

A 딱정벌레가 모래성 10개를 만들었어요. 그런 다음 4개를 더 만들었지.

그래서 모래성은 모두 14개예요.

B 애벌레가 크레용 11개를 가지고 있어요. 크레용 3개를 친구한테 줬어.

그래서 애벌레한테는 크레용이 8개 남았어요.

정답: A. 10 + 4 = 14   B. 11 − 3 = 8

덧셈과 뺄셈은 서로 관련이 있어요.
덧셈과 뺄셈의 관계를 잘 이해하면 계산이 더 쉬워져요.

똑같은 숫자 세 개를 위치만 바꿔서 덧셈식과 뺄셈식을 만들 수 있어요.

7, 2, 9로 덧셈과 뺄셈을 해 봐요.

덧셈식을 두 개 만들 수 있고…

가장 큰 수가 답이에요.

더하는 두 수의 위치를 바꿀 수 있어요.

…뺄셈식을 두 개 만들 수 있어요.

뺄셈에서는 가장 큰 수를 먼저 적어요.

빼는 수와 답이 되는 수의 위치를 바꿀 수 있어요.

Q. 숫자 세 개의 자리를 바꿔서 덧셈과 뺄셈이 되는 식을 더 만들어 보세요.

빈자리에 들어갈 수는 무엇인가요?

6 + 7 = 13

13 − 6 = ☆

☆ + 6 = ☆

☆ − ☆ = 6

아래 덧셈식과 뺄셈식에서 7, 2, 9는 서로 어떤 관계가 있을까요?

20 + 70 = 90

수학을 더 공부하면 더 많은 규칙을 발견하게 될 거예요.

900 − 700 = 200

정답: 7 + 6 = 13   13 − 7 = 6

더해서 **합이 10이 되는 두 수**가 있어요. 이런 숫자의 짝을 '**10의 보수**'라고 불러요.
두 수의 합이 10이 되는 수를 잘 알면, 머릿속으로 계산을 더 쉽게 할 수 있어요.

더해서 합이 10이 되는 두 수는 다음과 같아요.

내 쪽에 있는 숫자 짝꿍들은 네 쪽에 있는 숫자 짝꿍들과 같아.

여기 있는 숫자 짝꿍들은 순서만 바꿔 적은 거야.

두 수의 합이 10이 되는 수를 알면 덧셈식이 길어도 잘 풀 수 있어요.

2 + 8 + 5 =

난 2 + 8 = 10 이라는 걸 이미 알고 있어. 그러니까 10 + 5만 풀면 돼.

정답은 15야.

10의 보수를 알면 뺄셈도 잘할 수 있어요.

10 - 9 =

10을 만들 때 9의 짝이 되는 수만 알면 돼.

Q. 다음 문제에서 빈칸에 들어갈 수는 무엇일까요?

10 - ☆ = 7

10 - ☆ = 4

정답 : 10 - 3 = 7   10 - 6 = 4

10의 보수를 알면, 더해서 20이 되는 두 수도 쉽게 알 수 있어요.

더해서 10이 되는 두 수를 만든 다음…

1 + 9

…여기에 다시 10을 더하면 돼요.

+ 10

첫 번째 수에 10을 더하거나…

1 1 + 9 = 20

1 + 1 9 = 20

…아니면 두 번째 수에 10을 더해요.

다음은 더해서 100이 되는 두 수예요.

10 + 90	40 + 60	70 + 30
20 + 80	50 + 50	80 + 20
30 + 70	60 + 40	90 + 10

숫자가 익숙해 보이지 않나요?

80 + 20은 8 + 2랑 비슷한걸.

수를 10씩 뛰어 세어 볼까요? 또 10씩 뒤로 뛰어 세어 보세요.

십 단위로 수직선을 만들었어요!

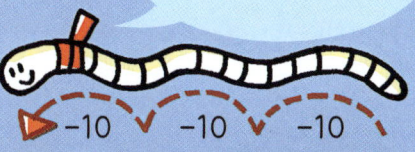

백, 구십, 팔십, 칠십…

| 0 | 10 | 20 | 30 | 40 | 50 | 60 | 70 | 80 | 90 | 100 |
| 영 | 십 | 이십 | 삼십 | 사십 | 오십 | 육십 | 칠십 | 팔십 | 구십 | 백 |

+ −

계산을 쉽게 하는 또 다른 방법으로, 그 수와 가까운 **간단한 수**를 이용할 수 있어요.
이를 '**어림수**'라고 불러요.

10은 사용하기 좋은 수예요.
10을 더하거나 빼기는 쉽거든요.

나는 7살이에요.
10년 뒤에는
17살이 되지요.

7 + 10 = 17

예를 들어, 수를 올려서
어림수 **10**을 이용할 수 있어요.

9는 10보다 1이 **적어요**.
그러니까 9 대신 10을 더한 다음에, 1을 빼요.

9 = 10 − 1

27 + 9 바꾸어 쓰면 27 + 10 − 1

10을 더해요. 27 + 10 = 37

37 − 1 1을 빼요.

= 36 그래서 답은 36이에요.

또 수를 내려서 어림수 **10**을
이용할 수 있어요.

11은 10보다 1이 더 **많아요**.
그러니까 11 대신 10을 뺀 다음에, 1을 더 빼요.

11 = 10 + 1

27 − 11 바꾸어 쓰면 27 − 10 + 1

나는
10을 뺀 다음에
1을 뺄 거야.

17 − 1 = 16

와, 똑똑한걸!

10의 보수와 어림수를 이용해서 다음 문제를 풀어 보세요.

머릿속으로 계산할 수 있나요?

우리는 11분 동안 자전거를 탔어요.

우리는 10분 뒤에 도착할 거예요.

자전거는 모두 몇 분 동안 타게 될까요?

10 + 10 = 20
20 + 1 = <u>21</u>

증조할머니는 11년 뒤에 100살이 될 거예요.

증조할머니는 지금 몇 살일까요?

100 - 10 = 90
90 - 1 = <u>89</u>

나한테 동전이 29개 있고…

나는 70개를 가지고 있어요.

둘의 동전을 모두 합하면 몇 개일까요?

30 + 70 = 100
100 - 1 = <u>99</u>

단추가 28개 있어요. 코트에 단추를 11개 달아야 해요.

코트에 단추를 달고 나면, 몇 개가 남을까요?

28 - 10 = 18
18 - 1 = <u>17</u>

0을 더하거나 빼면 어떻게 될까요?

20 + 0 = 20   100 - 0 = 100

그대로예요!

더하거나 뺄 게 아무것도 없으니까…

…수는 변하지 않고 똑같아요.

수를 더할 때는 먼저 10을 만든 다음, 10에서부터 이어서 더하는 게 편해요.
20, 30처럼 먼저 '몇십'을 만든 다음에 이어서 더하는 방법이에요. 아래의 예를 살펴보세요.

이 이층 버스는 각 층마다 자리가 10개씩 있어요.

승객은 아래층 자리를 다 채운 다음에 위층에 앉을 수 있어요.

우리 둘은 아래층 자리에 앉아야 해.

그럼 우리 셋은 위층으로 올라가야겠다.

버스의 승객은 모두 몇인가요?

8 + 5는 8 + 2 + 3과 같으므로 10 + 3 = 13이에요.

수직선을 이용해 먼저 10을 만든 다음에 셈할 수도 있어요.

8+5를 계산하려면, 먼저 8에서 시작해요.

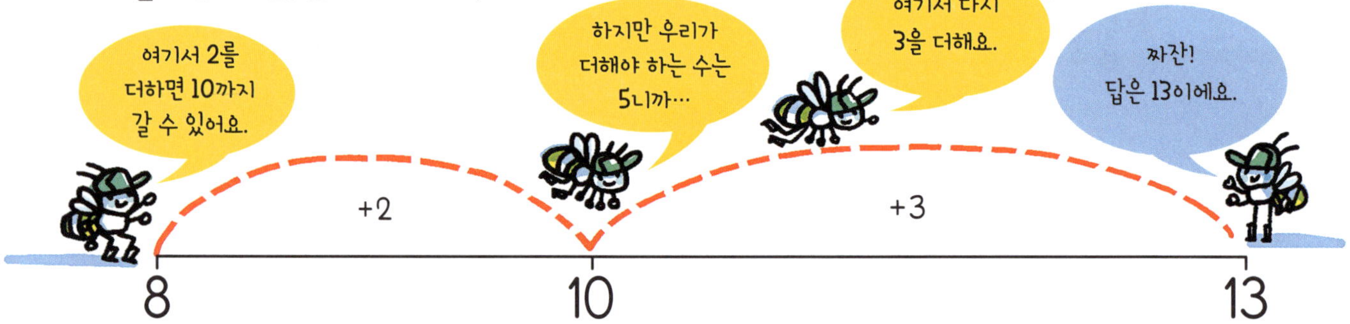

여기서 2를 더하면 10까지 갈 수 있어요.

하지만 우리가 더해야 하는 수는 5니까…

여기서 다시 3을 더해요.

짜잔! 답은 13이에요.

+2 +3

8   10   13

'몇십 만들기'를 쓰면 17 + 4는 어떻게 계산할 수 있을까요?

먼저 3을 더해서 20을 만들어요.

그다음에 1을 더하지요.

그러면 21이 돼요.

두 자리 수를 더할 때에는 먼저 '몇십'과 일의 자리로 가르기를 해요.

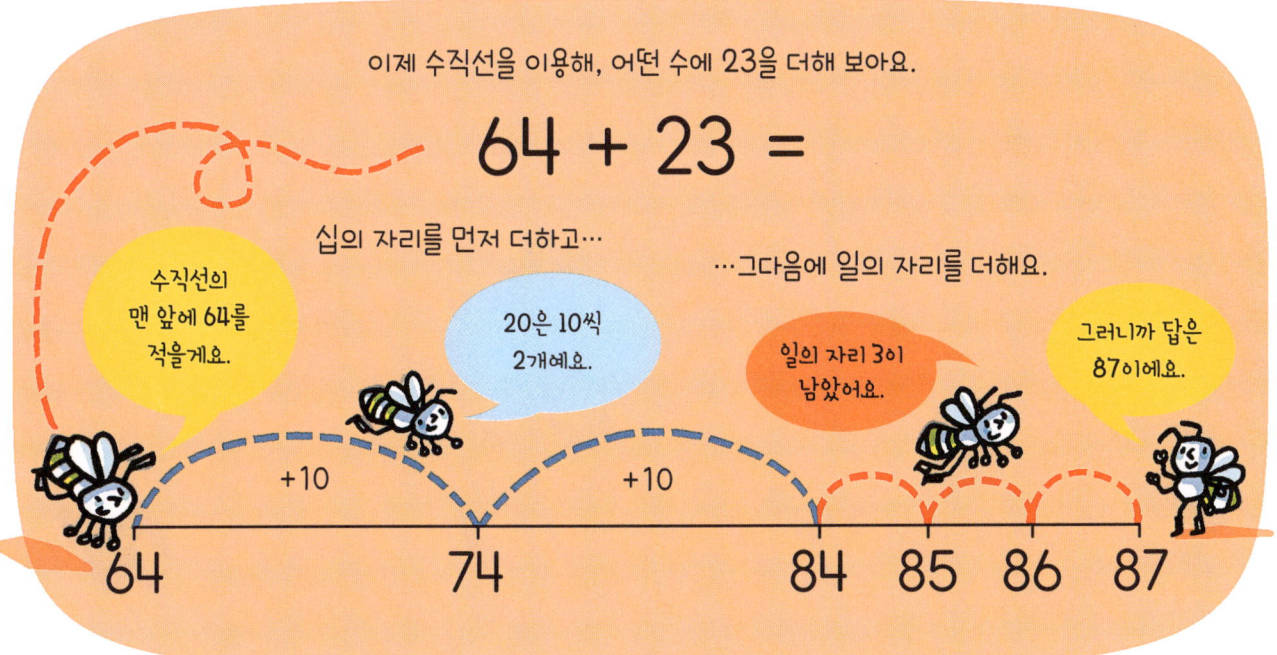

Q. 머릿속으로 수직선을 떠올려, 아래 덧셈을 해 보세요.

43 + 14 =   68 + 11 =

머릿속으로 계산하는 것을 암산이라고 해요.

정답: 43 + 14 = 57   68 + 11 = 79

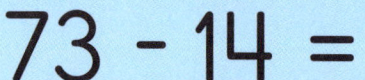

수직선을 이용해 두 자리 수의 뺄셈도 할 수 있어요.

73 - 14 =

먼저 빼려는 숫자를 십의 자리 수와 일의 자리 수로 갈라요.

쉬워요! 십의 자리는 1이고…

일의 자리는 4예요.

이제 큰 수를 수직선의 오른쪽 맨 끝에 적고, 거기서부터 뒤로 계산해요.

먼저 십의 자리 수를 뺀 다음, 일의 자리 수를 빼요.

내가 십의 자리 수를 뺄게요.

난 일의 자리 수 4를 더 뺄게요.

−10

그러니까 답은 59예요.

59 60 61 62 63   73

두 수를 각각 가르기를 해서 십의 자리 수끼리, 또 일의 자리 수끼리 더할 수 있어요.

34는 30과 4로,
12는 10과 2로
가를 수 있어요.

34 + 12

이렇게 숫자를 위아래 세로로 놓고 풀 수도 있어요.

+ 30   4
  10   2
  ─────
= 40 + 6

나는 십의 자리끼리 더할게요.

30 + 10 = 40

나는 일의 자리끼리 더할게요.

4 + 2 = 6

난 두 개의 답을 합할게요.

= 46

24

뺄셈을 할 때도 숫자를 세로로 놓고 계산할 수 있어요.

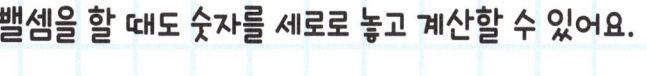

= 30 + 3

앞에서 푼 덧셈과 뺄셈 문제를 다음과 같이 풀 수도 있어요.

십의 자리 수끼리, 일의 자리 수끼리
같은 세로줄에 있도록 줄을 잘 맞춰요.

25

1~100 수 배열판을 이용해 십의 자리 수와 일의 자리 수의 덧셈과 뺄셈을 할 수 있어요.

아래로 한 칸씩 내려가면 10씩 더해져요. 오른쪽으로 한 칸씩 이동하면 1씩 더해져요.
반대 방향으로(위로 10씩, 왼쪽으로 1씩) 이동하면 빼기가 돼요.

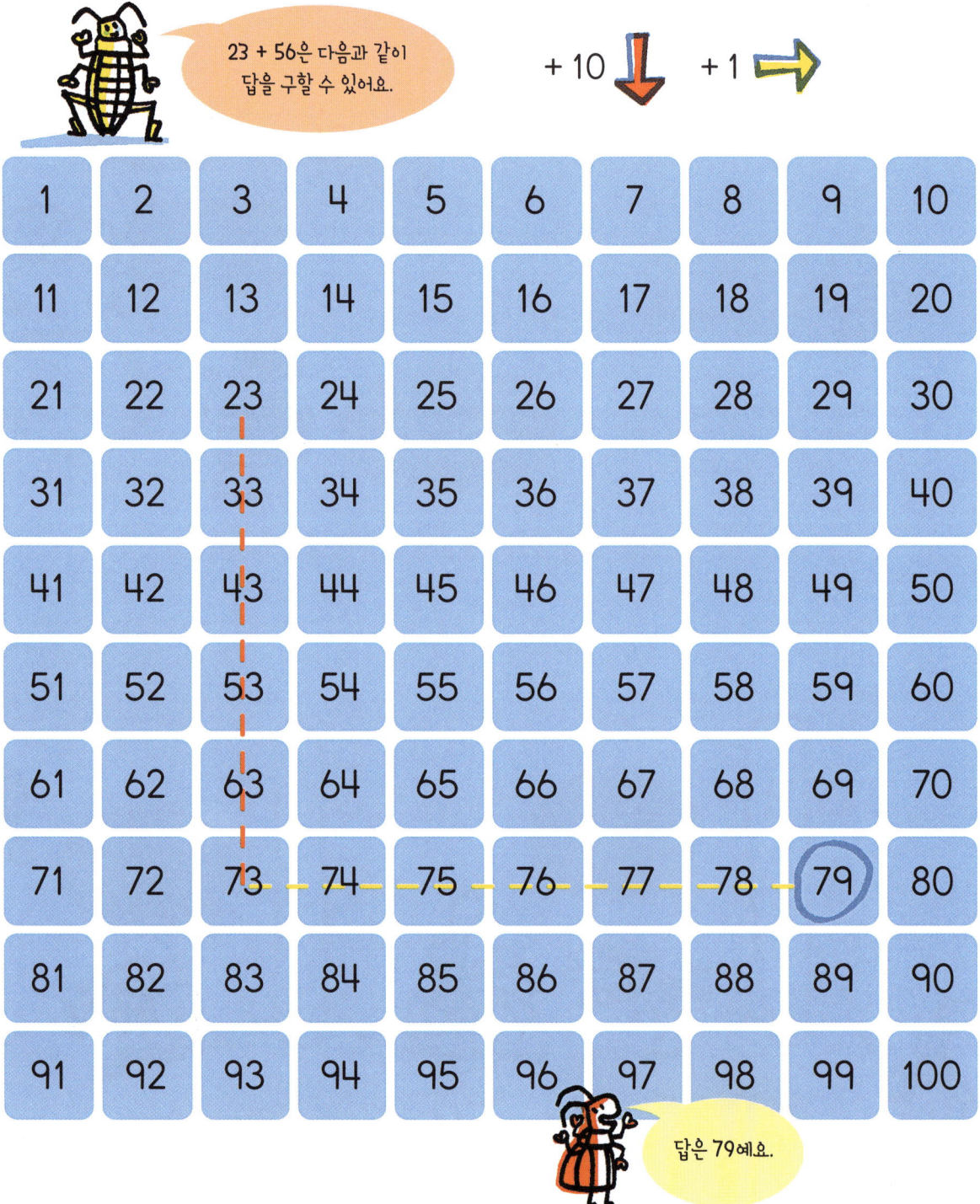

Q. 다음 덧셈과 뺄셈의 답을 구해 보세요.

A 5 + 4 =

B 2 + 8 =

더해서 10이 되는 수를 떠올려 보세요.

C 20 - 3 =

D 300 - 200 =

머릿속으로 계산할 수 있는 문제가 있나요?

백의 자리 수에서 3 - 2를 하는 것과 똑같아요.

E 72 - 0 =

F 40 + 11 =

나라면 10을 먼저 더할 거예요.

G 55 + 34 =

십의 자리 수와 일의 자리 수로 갈라요.

H 88 - 43 =

난 수 배열판을 쓸 생각이에요.

정답: A. 9 B. 10 C. 17 D. 100 E. 72 F. 51 G. 89 H. 45

곱셈과…

곱셈은 같은 수를 여러 번 더하는 것과 같아요.

2를 4번 더하면 답을 구할 수 있어요.

$$2 + 2 + 2 + 2 = 8$$

또는 곱셈을 해서 답을 구할 수도 있어요.

2 곱하기 4는 8이에요.
$$2 × 4 = 8$$

수뿐만이 아니라 길이와 크기도 몇 곱이 되면, 더 길어지거나 커져요.

$$4 × 2 = 8$$
4 곱하기 2는 8이에요.

⋯나눗셈

나눗셈은 어떤 것을 똑같은 개수로 가르는 거예요.

나눗셈은 **공평하게 나누는 것**이라고도 할 수 있어요.

나눗셈은 같은 수를 여러 번 **빼는** 것으로 나타낼 수 있어요.

위의 두 가지 예를 다음과 같이 나눗셈식으로 나타낼 수 있어요.

8을 4로 나눈 값은 2예요.

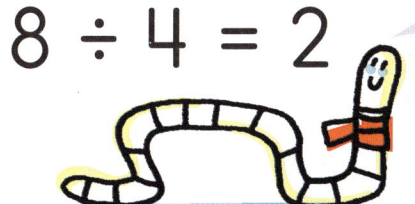

곱셈 문제에서는 두 수의 위치를 바꿔도 답은 언제나 똑같아요.

컵케이크가 모두 몇 개 있나요

각 세로줄마다 3개씩, 모두 4줄이 있어요.

3 × 4 = 12

각 가로줄마다 4개씩, 모두 3줄이 있어요.

4 × 3 = 12

양쪽 모두 12개예요.

나눗셈 문제에서는 나누어지는 수와 나누는 수의 위치를 바꾸면 안 돼요.
하지만 나누는 수와 몫은 서로 자리를 바꿀 수 있어요.

컵케이크 12개를 3개씩 접시에 담으려고 해요. 접시가 몇 개 필요할까요?

12 ÷ 3 = 4

4개요.

컵케이크 12개를 접시 4개에 담으려고 해요. 접시에 컵케이크를 몇 개씩 담으면 될까요?

12 ÷ 4 = 3

3개요.

위의 곱셈, 나눗셈 문제에서는 둘 다 똑같은 숫자 세 개를 사용했어요.

덧셈과 뺄셈처럼, 곱셈과 나눗셈도 아주 밀접한 관련이 있어요.

3 × 4 = 12   12 ÷ 4 = 3

4 × 3 = 12   12 ÷ 3 = 4

나눗셈은 곱셈의 반대예요.

나뭇잎 6장을 애벌레 3마리가 똑같이 나누면, 2장씩 가지면 돼요.

애벌레 3마리가 나뭇잎을 2장씩 가지고 있다면 나뭇잎은 모두 6장이에요.

어떤 수에 1을 곱하거나 1로 나누어도, 그 수는 똑같아요.

어떤 수에 0을 곱하면, 언제나 그 결과는 0이에요.

어떤 수를 0으로 나눌 생각은 하지도 마세요. 불가능한 일이거든요!

수직선을 이용해서 곱셈을 할 수 있어요.

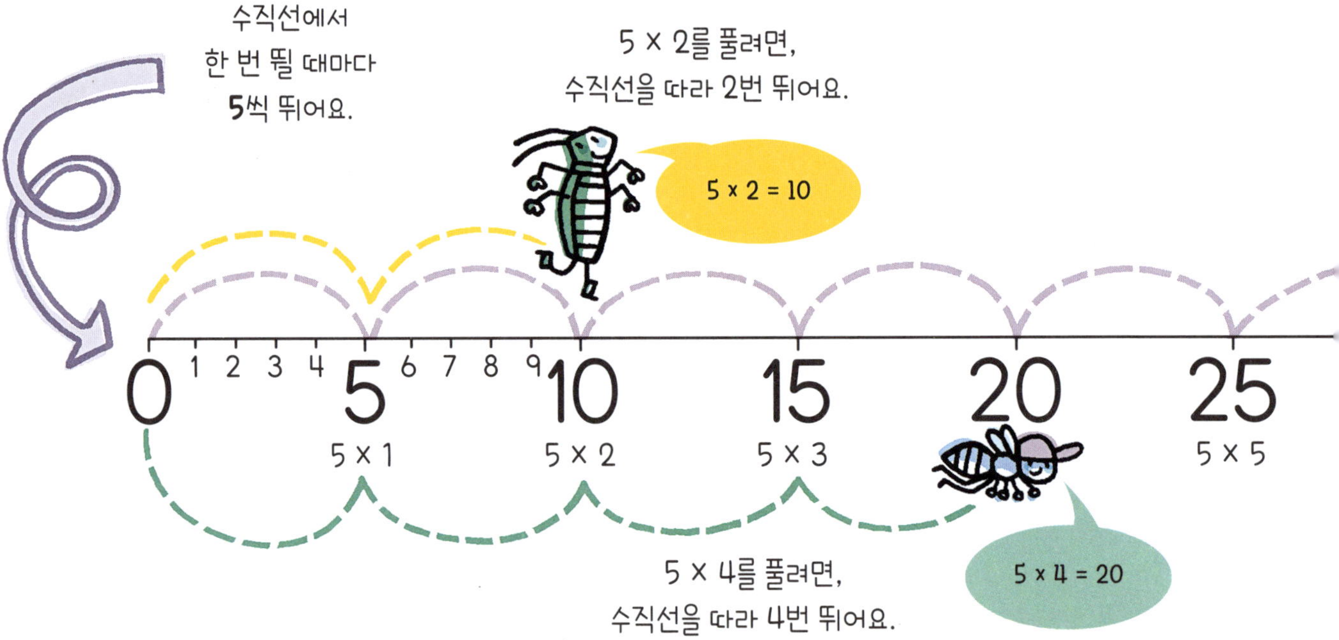

수직선에서 한 번 뛸 때마다 **5**씩 뛰어요.

5 × 2를 풀려면, 수직선을 따라 2번 뛰어요.

5 × 2 = 10

0 1 2 3 4 **5** 6 7 8 9 **10** **15** **20** **25**

5 × 1 5 × 2 5 × 3   5 × 5

5 × 4를 풀려면, 수직선을 따라 4번 뛰어요.

5 × 4 = 20

수직선을 이용해 다음 문제를 풀어 보세요.

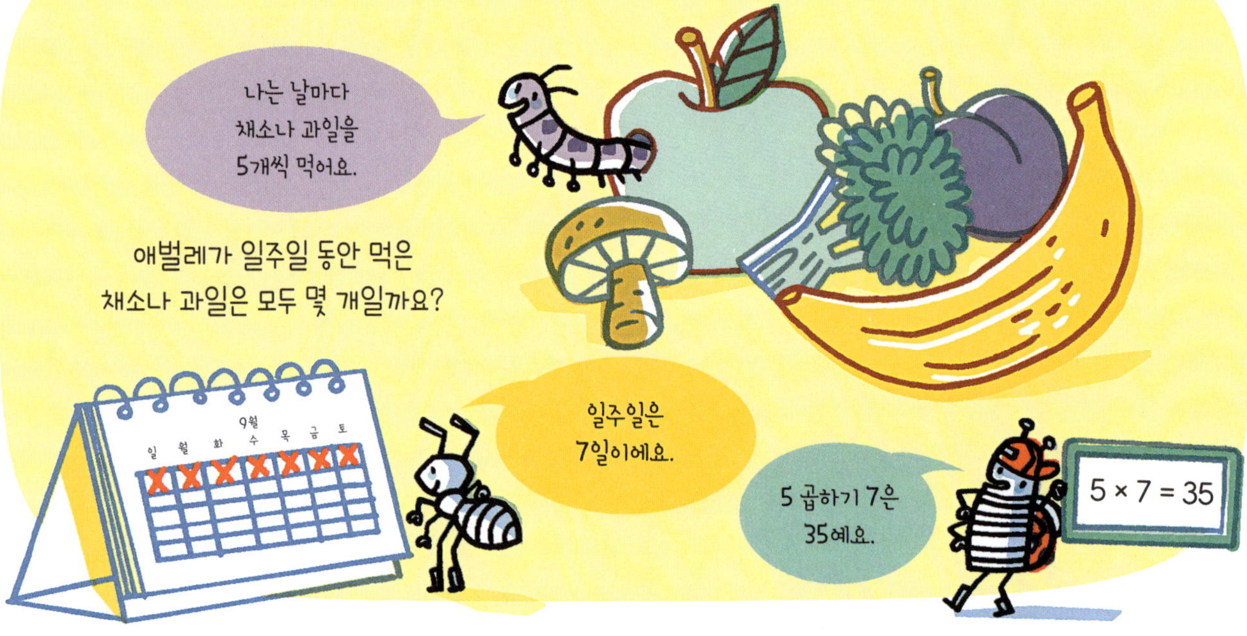

나는 날마다 채소나 과일을 5개씩 먹어요.

애벌레가 일주일 동안 먹은 채소나 과일은 모두 몇 개일까요?

일주일은 7일이에요.

5 곱하기 7은 35예요.

5 × 7 = 35

Q. 이 문제를 스스로 풀어 보세요.

A 5 × 10 =    **B** 5 × 5 =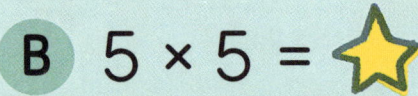

나눗셈을 할 때에도 똑같은 수직선을 쓸 수 있어요.

예를 들어, 35 ÷ 5를 풀려면
35에 5가 몇 번 들어가는지 알아야 해요.

수직선에서 35에 다다르려면
몇 번 뛰어야 하는지 살펴보세요.

7번 뛰어요!

35 ÷ 5 = 7

30	35	40	45	50
5 × 6	5 × 7	5 × 8	5 × 9	5 × 10

애벌레는 과일과 채소를 모두 45개 가지고 있어요.
하루에 5개씩 먹는다면, 며칠 동안 먹을 수 있을까요?

수직선에서 살펴보아요.

45는 5 × 9예요.

그러니까 9일 동안 먹을 수 있어요.

이 문제를 나눗셈식으로 어떻게 나타낼까요?

45 ÷ 5 = 9

C 15 ÷ 5 = ⭐   **D** 30 ÷ 5 = ⭐

정답 : A. 50 B. 25 C. 3 D. 6

어떤 수에 2를 곱하면, 그 값은 두 배가 돼요.

봉지에 씨앗이 6개 들었어요.

봉지가 2개면 씨앗은 모두 몇 개일까요?

6 × 2 = 12

곱절로 늘었어!

두 배가 됐어!

어떤 수를 2로 나누면, 값은 절반이 돼요.

요리책에는 달걀이 4개 필요하대요.

우리는 양을 절반만 만들 거예요. 달걀은 몇 개가 필요할까요?

4의 절반.

4 ÷ 2 = 2

두 배의 반대가 절반이에요.

짝수와 홀수에서, 두 배와 절반은 어떻게 될까요?

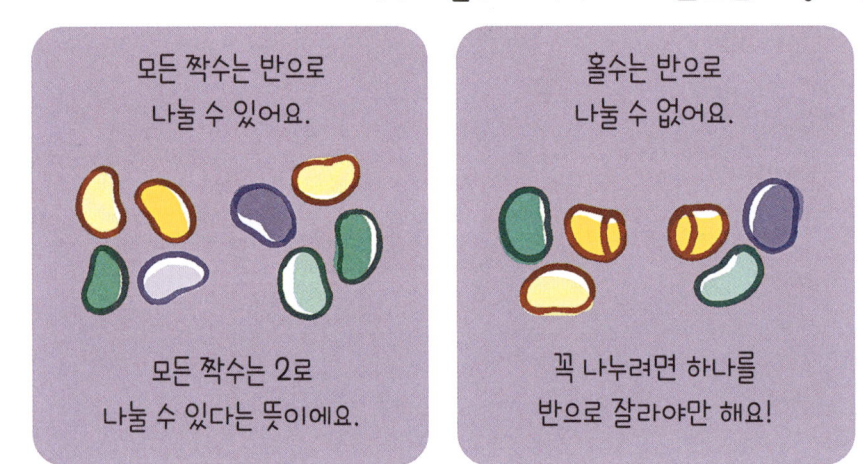

모든 짝수는 반으로 나눌 수 있어요.

모든 짝수는 2로 나눌 수 있다는 뜻이에요.

홀수는 반으로 나눌 수 없어요.

꼭 나누려면 하나를 반으로 잘라야만 해요!

홀수가 두 배가 되면⋯

⋯그 결과는 언제나 짝수예요.

곱셈구구표는 같은 수를 가지고 곱셈을 해서 만든 표예요.

× ÷

2의 곱셈구구표예요.
2단이라고 불러요.

곱하는 두 수는 순서를 바꿔도 값이 같아요

3 × 2 = 6
4 × 2 = 8

곱하는 수   값

2 × 1 = 2
2 × 2 = 4
2 × 3 = 6
2 × 4 = 8
2 × 5 = 10
2 × 6 = 12
2 × 7 = 14
2 × 8 = 16
2 × 9 = 18
2 × 10 = 20
2 × 11 = 22
2 × 12 = 24

곱한 값은 2씩 늘어나요.

곱셈구구표에서 2단의 값은 모두 짝수예요.

노래처럼 가락을 넣어서 읽으면 더 쉽게 외울 수 있어요.

이일은 이, 이이는 사…

아니면 간단히…

이, 사, 육, 팔…

곱셈구구표는 곱셈뿐 아니라 나눗셈을 할 때에도 큰 도움이 돼요.

18을 2로 나누면 얼마지?

2에 어떤 수를 곱하면 18이 되는지 찾아보자.

정답은 9예요.

곱셈구구표를 외우고 있으면 수학 문제를 풀 때 아주 편리해요.

Q. 자전거 9대의 바퀴를 모두 합하면 몇 개일까요?

Q. 양말 22짝이 있으면, 양말은 몇 켤레일까요?

정답: 양말 11켤레, 바퀴 18개

5단 곱셈구구표를 살펴보세요.

어떤 규칙이 보이나요?

5 ×		
5 × 1	=	5
5 × 2	=	10
5 × 3	=	15
5 × 4	=	20
5 × 5	=	25
5 × 6	=	30
5 × 7	=	35
5 × 8	=	40
5 × 9	=	45
5 × 10	=	50
5 × 11	=	55
5 × 12	=	60

곱한 값이 처음엔 5, 다음엔 0, 그다음엔 5, 그다음엔 0…으로 끝나요.

곱한 값이 내려갈수록 5씩 많아지고…

…반대로 올라갈수록 5씩 적어져요.

한 송이에 바나나가 5개씩 달려 있다면, 6송이에는 바나나가 모두 몇 개 있을까요?

×6

손가락 하나를 5개씩으로 해서 세어 보세요.

바나나는 모두 30개예요!

책장을 넘기면 1단부터 12단까지의 곱셈구구표가 나와요.

시계 판은 12구간으로 나뉘어 있고, 한 구간은 다시 5칸으로 나누어져요.

5 × 12는 얼마일까? 5단을 봐야겠어.

5 × 12 = 60

59쪽에서 시계 보는 법을 배울 수 있어요.

5칸씩 뛰어 세기를 하는 중이야.

A 벌이 숫자 7에 도착하면 얼마를 세게 될까요?

B 벌이 50을 셌을 때는 어떤 숫자에 앉아 있을까요?

정답: A. 35, B. 10

10단은 기억하기가 쉬워요.

×÷

10 ×

10 ×	1	=	10
10 ×	2	=	20
10 ×	3	=	30
10 ×	4	=	40
10 ×	5	=	50
10 ×	6	=	60
10 ×	7	=	70
10 ×	8	=	80
10 ×	9	=	90
10 ×	10	=	100
10 ×	11	=	110
10 ×	12	=	120

어떤 수에 10을 곱하면, 끝에 0을 붙이면 돼요!

10을 곱하면 어떻게 되는지 자세히 살펴보세요.

한 자리 수에 10을 곱하면, 일의 자리 숫자는 십의 자리에 옮겨 적고 일의 자리에는 0을 쓰면 돼요.

십의 자리 일의 자리
$$\begin{array}{r} 1\,0 \\ \times\ \ 4 \\ \hline =4\,0 \end{array}$$

두 자리 수에 10을 곱하면 어떻게 될까요?

십의 자리 숫자는 백의 자리로 옮겨 적어요.

일의 자리 숫자는 십의 자리로 옮겨 적죠.

그리고 일의 자리에 0을 써넣어요.

백의 자리 십의 자리 일의 자리
$$\begin{array}{r} 1\,0 \\ \times\ 1\,2 \\ \hline =1\,2\,0 \end{array}$$

조각 하나에 10점이라면, 무당벌레는 모두 몇 점을 모았을까요?

10 × 7 = 70

한 봉지에 스티커가 10개씩 들어 있어요.

스티커 30개가 필요해. 몇 봉지가 있어야 할까?

10 × ? = 30
30 ÷ 10 = 3

3봉지가 필요해!

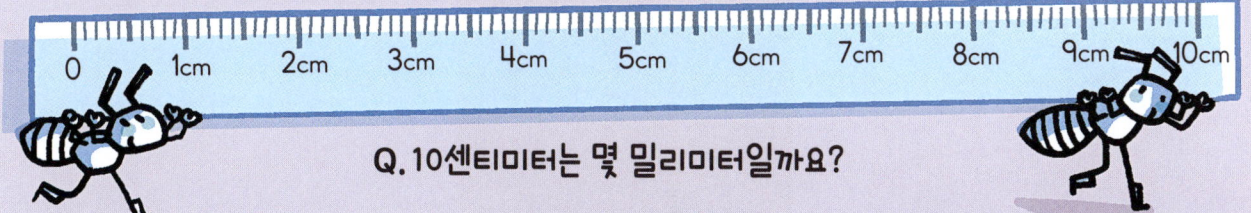

자를 보면, 1센티미터는 10밀리미터로 나누어져요.

Q. 10센티미터는 몇 밀리미터일까요?

정답 : 10 × 10 = 100

1단부터 12단까지의 곱셈구구표예요.

이 곱셈구구표는 모두 외워 두면 좋아요.

1 ×

1 × 1 = 1
1 × 2 = 2
1 × 3 = 3
1 × 4 = 4
1 × 5 = 5
1 × 6 = 6
1 × 7 = 7
1 × 8 = 8
1 × 9 = 9
1 × 10 = 10
1 × 11 = 11
1 × 12 = 12

2 ×

2 × 1 = 2
2 × 2 = 4
2 × 3 = 6
2 × 4 = 8
2 × 5 = 10
2 × 6 = 12
2 × 7 = 14
2 × 8 = 16
2 × 9 = 18
2 × 10 = 20
2 × 11 = 22
2 × 12 = 24

3 ×

3 × 1 = 3
3 × 2 = 6
3 × 3 = 9
3 × 4 = 12
3 × 5 = 15
3 × 6 = 18
3 × 7 = 21
3 × 8 = 24
3 × 9 = 27
3 × 10 = 30
3 × 11 = 33
3 × 12 = 36

4단은 2단의 두 배예요.

6단은 3단의 두 배예요.

4 ×

4 × 1 = 4
4 × 2 = 8
4 × 3 = 12
4 × 4 = 16
4 × 5 = 20
4 × 6 = 24
4 × 7 = 28
4 × 8 = 32
4 × 9 = 36
4 × 10 = 40
4 × 11 = 44
4 × 12 = 48

5 ×

5 × 1 = 5
5 × 2 = 10
5 × 3 = 15
5 × 4 = 20
5 × 5 = 25
5 × 6 = 30
5 × 7 = 35
5 × 8 = 40
5 × 9 = 45
5 × 10 = 50
5 × 11 = 55
5 × 12 = 60

6 ×

6 × 1 = 6
6 × 2 = 12
6 × 3 = 18
6 × 4 = 24
6 × 5 = 30
6 × 6 = 36
6 × 7 = 42
6 × 8 = 48
6 × 9 = 54
6 × 10 = 60
6 × 11 = 66
6 × 12 = 72

어떤 수학 문제든지 곱셈구구가 도움이 될 때가 많아요.

7 ×

7 × 1 = 7
7 × 2 = 14
7 × 3 = 21
7 × 4 = 28
7 × 5 = 35
7 × 6 = 42
7 × 7 = 49
7 × 8 = 56
7 × 9 = 63
7 × 10 = 70
7 × 11 = 77
7 × 12 = 84

8단은 4단의 두 배예요.

8 ×

8 × 1 = 8
8 × 2 = 16
8 × 3 = 24
8 × 4 = 32
8 × 5 = 40
8 × 6 = 48
8 × 7 = 56
8 × 8 = 64
8 × 9 = 72
8 × 10 = 80
8 × 11 = 88
8 × 12 = 96

9단에는 어떤 규칙이 있는지 생각해 볼까요?

9 ×

9 × 1 = 9
9 × 2 = 18
9 × 3 = 27
9 × 4 = 36
9 × 5 = 45
9 × 6 = 54
9 × 7 = 63
9 × 8 = 72
9 × 9 = 81
9 × 10 = 90
9 × 11 = 99
9 × 12 = 108

10단은 5단의 두 배예요.

10 ×

10 × 1 = 10
10 × 2 = 20
10 × 3 = 30
10 × 4 = 40
10 × 5 = 50
10 × 6 = 60
10 × 7 = 70
10 × 8 = 80
10 × 9 = 90
10 × 10 = 100
10 × 11 = 110
10 × 12 = 120

11단에는 어떤 규칙이 있는지 살펴볼까요?

11 ×

11 × 1 = 11
11 × 2 = 22
11 × 3 = 33
11 × 4 = 44
11 × 5 = 55
11 × 6 = 66
11 × 7 = 77
11 × 8 = 88
11 × 9 = 99
11 × 10 = 110
11 × 11 = 121
11 × 12 = 132

12단은 6단의 두 배예요.

12 ×

12 × 1 = 12
12 × 2 = 24
12 × 3 = 36
12 × 4 = 48
12 × 5 = 60
12 × 6 = 72
12 × 7 = 84
12 × 8 = 96
12 × 9 = 108
12 × 10 = 120
12 × 11 = 132
12 × 12 = 144

1단부터 12단까지를 곱셈구구표 하나에 모두 모아서 배열할 수 있어요.

맨 윗줄에서 숫자 하나, 맨 왼쪽 줄에서 숫자 하나를 골라요.

난 7을 골랐어.

맨 윗줄에서 고른 숫자에서 세로줄을 따라 아래로 쭉 내려가요. 두 숫자가 만나는 곳에 곱셈 값이 있어요!

×	1	2	3	4	5	6	7	8	9	10	11	12
1	1	2	3	4	5	6	7	8	9	10	11	12
2	2	4	6	8	10	12	14	16	18	20	22	24
3	3	6	9	12	15	18	21	24	27	30	33	36
4	4	8	12	16	20	24	28	32	36	40	44	48
5	5	10	15	20	25	30	35	40	45	50	55	60
6	6	12	18	24	30	36	42	48	54	60	66	72
7	7	14	21	28	35	42	49	56	63	70	77	84
8	8	16	24	32	40	48	56	64	72	80	88	96
9	9	18	27	36	45	54	63	72	81	90	99	108
10	10	20	30	40	50	60	70	80	90	100	110	120
11	11	22	33	44	55	66	77	88	99	110	121	132
12	12	24	36	48	60	72	84	96	108	120	132	144

난 8을 골랐어.

둘이 56에서 만났어.

$7 \times 8 = 56$

나눗셈도 곱셈구구표를 보고 할 수 있어요.

Q. $63 \div 9 =$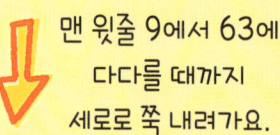

맨 윗줄 9에서 63에 다다를 때까지 세로로 쭉 내려가요.

그런 다음 63에서 왼쪽으로 끝까지 가면 답이 나오죠.

답은 7.

Q. 다음 곱셈과 나눗셈 문제를 풀어 보세요.

A 6 × ☆ = 54

B 132 ÷ 11 = ☆

C ☆ ÷ 4 = 9

D 이 빵틀에는 빵이 12개 들어가요.
빵을 144개 구워야 해요. 빵틀이 몇 개 있어야 할까요?

좀 더 어려운 문제를 풀어 보고 싶다면, 다음 문제에 도전해 보세요!

E 오렌지를 '3개 사면 하나는 공짜'예요. 민달팽이는 오렌지가 12개 필요해요.
오렌지 몇 개 값을 내야 할까?

F 딱정벌레는 어떤 숫자를 생각하고 있을까요?
20에서 25 사이에 있는 수로, 홀수이고, 3으로 나누어져요.

정답: A. 6 × 9 = 54, B. 132 ÷ 11 = 12, C. 36 ÷ 4 = 9, D. 12개, E. 9개, F. 21

분수

분수는 전체에 대한 **부분**을 나타내요.
어떤 것을 **똑같이** 나누면 분수를 만들 수 있어요.

어떤 것을 **2**개로 똑같이 쪼개면, 각 부분은 **절반**이에요.

어떤 것을 **3**개로 똑같이 쪼개면, 각 부분은 **3분의** 1이에요.

어떤 것을 **4**개로 똑같이 쪼개면, 각 부분은 **4분의** 1이에요.

절반 (2분의 1)

3분의 1

4분의 1

분수는 어떤 모양의 부분이거나…

길이의 부분이거나…

어떤 무리의 부분을 나타내요.

원의 4분의 1이야.

내 날개는 네 날개 길이의 절반(2분의 1)이야.

무리의 3분의 1이 배에 탔어요.

Q. 아래 그림을 보고 각각을 분수로 말해 보세요.

4분의 1이에요.

2분의 1이에요.

3분의 1이에요.

출발

42

분수를 수학 기호를 써서 나타낼 수 있어요.

2분의 1은 다음과 같이 나타내요.

밑에 있는 숫자는 똑같이 몇으로 나누었는지를 나타내요. '분모'라고 해요.

위에 있는 숫자는 그중에서 얼마를 가졌는지를 나타내죠. '분자'라고 해요.

3분의 1은 이렇게 나타내요.

또 4분의 1은 이렇게 나타내죠.

나는 똑같이 둘로 나눈 것 중 하나를 가졌어.

난 나머지 한 개를 가졌지.

아래 도형에서 색칠한 부분은 몇 분의 몇일까요?

3분의 1이에요.

4분의 1이에요.

2분의 1이에요.

아래 두 오이 중 2분의 1로 자른 것은 어느 쪽인가요?

이쪽 오이예요!

이 오이는 2분의 1이 아니에요.

두 조각의 크기가 똑같지 않아요.

43

어떤 수를 더 작은 수로 똑같이 나누는 것도 분수로 나타낼 수 있어요.

어떤 수의 2분의 1은, 그 수를 똑같이 둘로 나누는 거예요.

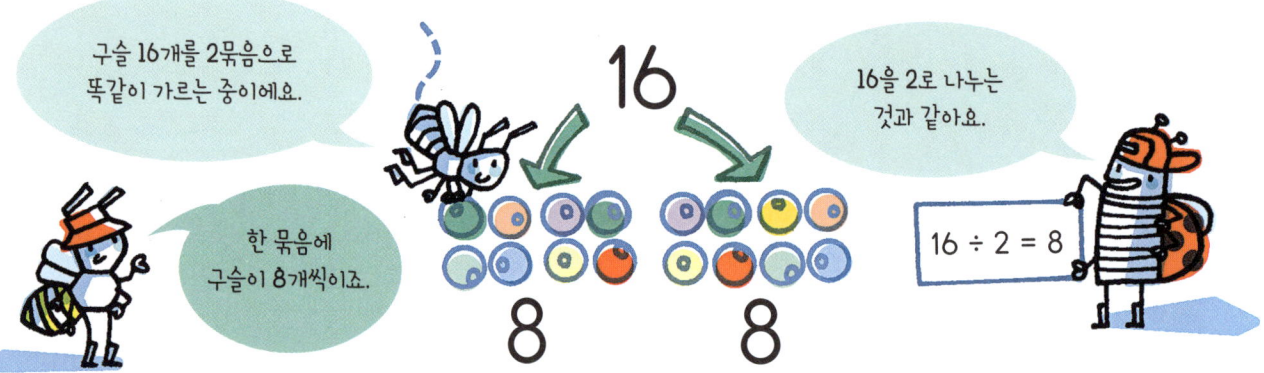

어떤 수의 4분의 1은, 그 수를 똑같이 넷으로 나누는 거예요.

또는 먼저 절반으로 나눈 다음, 각각의 절반을 다시 둘로 나눠도 돼요.

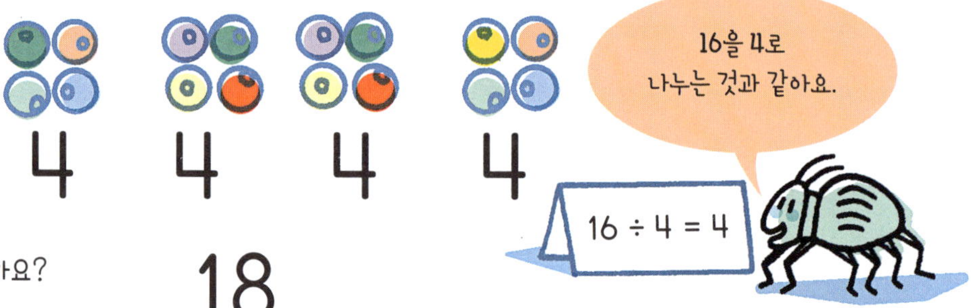

16을 4로 나누는 것과 같아요.

$16 ÷ 4 = 4$

18의 $\frac{1}{3}$ 은 얼마일까요?

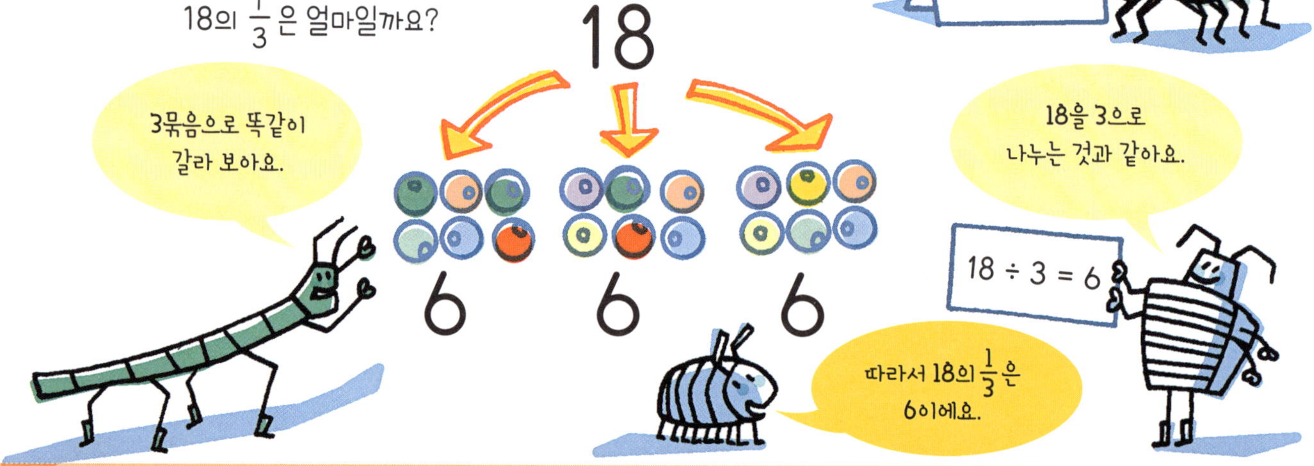

3묶음으로 똑같이 갈라 보아요.

18을 3으로 나누는 것과 같아요.

$18 ÷ 3 = 6$

따라서 18의 $\frac{1}{3}$ 은 6이에요.

Q. 다음 분수 문제를 풀어 보세요.

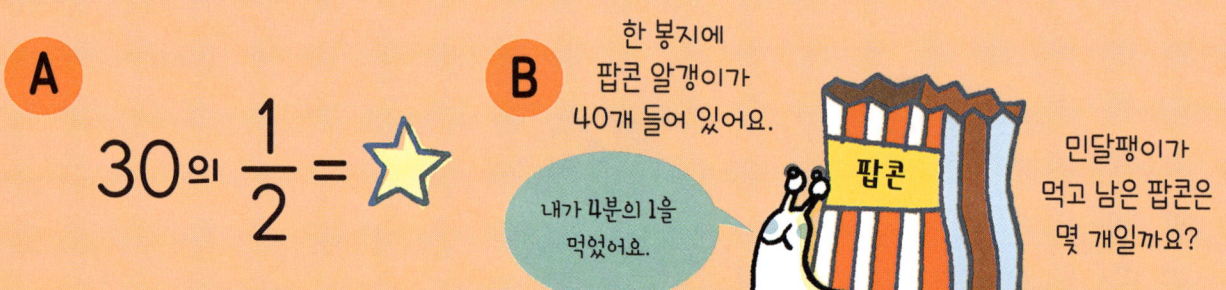

A 30의 $\frac{1}{2}$ = ☆

B 한 봉지에 팝콘 알갱이가 40개 들어 있어요. 내가 4분의 1을 먹었어요. 민달팽이가 먹고 남은 팝콘은 몇 개일까요?

어떤 것을 나눈 다음, 나눈 부분을 하나 또는 그 이상 가질 수도 있어요.

파이를 똑같이 3조각으로 나누었어요.

내가 그중 2조각을 가졌어요!

벌은 파이를 **3분의 2**만큼 차지했어요. 분수 기호를 쓰면 이렇게 적어요.

$\dfrac{2}{3}$

이 깃발은 4칸 중 2개에 색이 칠해져 있어요. 이것을 분수 기호로 어떻게 쓸까요?

위쪽에 2를 쓰고…

…아래쪽에 4를 써요.

절반과 똑같아요!

$\dfrac{2}{4} = \dfrac{1}{2}$

벽에 페인트를 얼마나 칠했나요?

4칸 중 3칸요!

$\dfrac{3}{4}$

C 무당벌레들이 파이를 얼마나 먹었나요?

D 달팽이가 가지고 있던 카드의 $\dfrac{2}{3}$를 내놓았어요.

아직 카드 2장이 남았어요.

달팽이는 카드를 모두 몇 장 가지고 있었을까요?

정답: A. 15 B. 30마리 C. $\dfrac{1}{2}$ D. 6장

측정하기

우리는 길이나 크기, 양이 얼마인지 알기 위해 측정을 해요.

여러 가지 방법으로 다양한 것들을 측정할 수 있어요.

길이

소매 길이가 얼마나 되지?

높이

내 키는 얼마일까?

길이, 높이, 너비는 모두 **거리**를 재는 거예요.

너비

문 너비가 얼마나 되지?

책상이 지나갈 수 있을까?

온도

오늘은 얼마나 더울까?

들이

들이는 어떤 용기의 **내부 공간에 들어가는 양**을 재는 거예요.

이 주전자에는 물이 얼마나 들어갈까?

부피

부피는 **어떤 물체가 차지하는 공간**을 재는 거예요.

이 큐브는 몇 조각으로 이루어져 있을까?

둘레

둘레는 어떤 사물의 **가장자리를 한 바퀴 돈 길**이에요.

울타리를 만들려면 벽돌이 몇 개가 필요하지?

넓이

넓이는 **평평한 표면의 안쪽 공간**을 말해요.

쟁반을 다 채우면 브라우니 조각은 모두 몇 개지?

질량과 무게

질량과 무게는 둘 다 어떤 것이 **얼마나 무거운지를** 측정해요.

질량은 어떤 물질이 얼마나 **많은 양**으로 이루어졌는지를 재요.

무게는 어떤 것을 아래로 끌어당기는 **힘**을 측정해요.

이 소포는 양이 얼마나 나가지?

우주에서는 물체를 끌어당기는 힘이 더 작아요. 소포의 질량은 우주에서도 똑같지만…

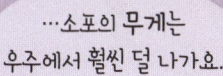

…소포의 무게는 우주에서 훨씬 덜 나가요.

시간

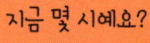

지금 몇 시예요?

휴가가 언제 시작되지?

시간이 얼마나 걸렸지?

어떤 것을 측정할 때, 다른 것과 비교해서 나타낼 수 있어요.

키를 비교하려면, 모두 같은 높이에 서 있어야 해요.

길이를 비교하려면, 모두 한쪽 끝을 나란히 맞춰서 재야 해요.

측정할 때 숫자를 사용할 수도 있어요.
이때는 일정한 양을 기준으로 하는 **단위**를 써야 해요.

사람들은 이런 문제가 생기지 않게 **국제 표준 단위**를 써요. 어느 나라에서든 똑같이 쓰는 단위지요.

국제 표준 단위의 예

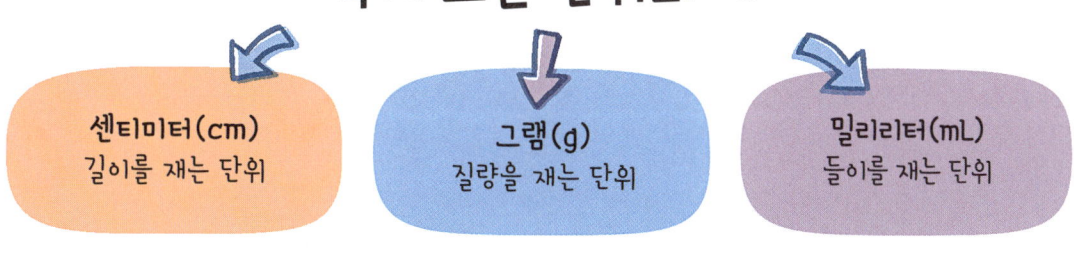

국제 표준 단위로 측정할 때는, 단위에 따라 다양한 측정 도구를 써요.

측정 도구 중 숫자와 작은 눈금이 있는 것은 **눈금자**예요.

눈금자는 모두 0에서 시작해서, 표준 단위에 따라 표시를 해 나가요.

길이, 높이, 너비를 잴 때는 한쪽 끝에서 반대쪽 끝까지 거리를 측정해요.

상자를 측정해 보아요.

나는 상자의 세로 길이(깊이)를 재.

나는 가로 길이(너비)를 재는 거야.

나는 높이를 잴게.

무엇을 측정하든지 자를 상자 끝에 잘 맞춰야 해요. 자 눈금의 0을 시작 위치에 맞추세요.

상자 반대쪽 끝에 닿은 눈금의 숫자를 읽으면 돼요.

이 페이지의 왼쪽에 있는 자를 이용해 주변에 있는 물건의 길이를 재 보세요.

물건의 다른 쪽 끝이 눈금이나 숫자에 정확히 일치하지 않으면, 가장 가까운 숫자를 선택해요.

숫자를 보면 길이가 몇 센티미터인지를 알 수 있죠.

작은 눈금은 밀리미터를 나타내요.

1센티미터는 10밀리미터예요.

언제나 시작점을 0에 맞추고 재요.

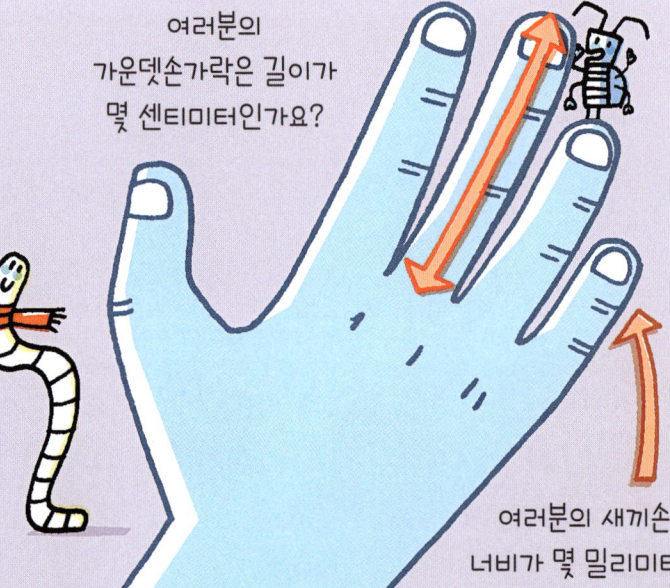

여러분의 가운뎃손가락은 길이가 몇 센티미터인가요?

여러분의 새끼손가락은 너비가 몇 밀리미터인가요?

아주 짧은 거리도, 아주 먼 거리도 측정할 수 있어요. 예를 들어…

나뭇잎의 길이

건물 높이

달까지의 거리

아주 작은 것은 **밀리미터**(mm)로 측정해요.

조금 작은 것은 **센티미터**(cm)로 측정해요.

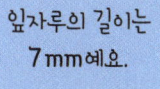
잎자루의 길이는 7mm예요.

잎 전체의 길이는 7cm예요.

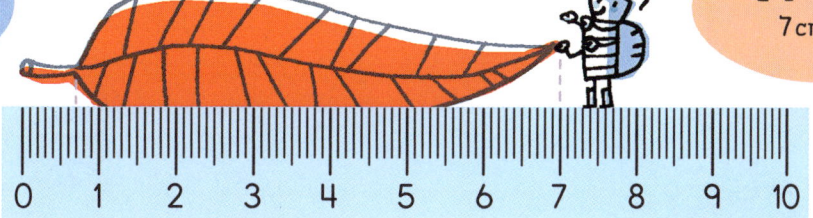

좀 더 먼 거리는 **미터**(m)로 측정해요.

1미터는 100센티미터예요.
9m

아주 먼 거리는 **킬로미터**(km)로 측정해요.

1킬로미터는 1,000미터예요.
벌레 마을 1km

Q. 다음 거리를 측정할 때 각각 어떤 단위를 쓰면 좋을까요?

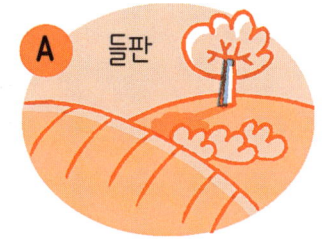
A 들판

B 바다

C 값진 보석

정답 : A. 미터 B. 킬로미터 C. 밀리미터

어떤 사물의 가장자리를 한 바퀴 돈 길이를 **둘레**라고 해요.

도형의 둘레를 알려면 각 변의 길이를 잰 다음 모두 더해요.

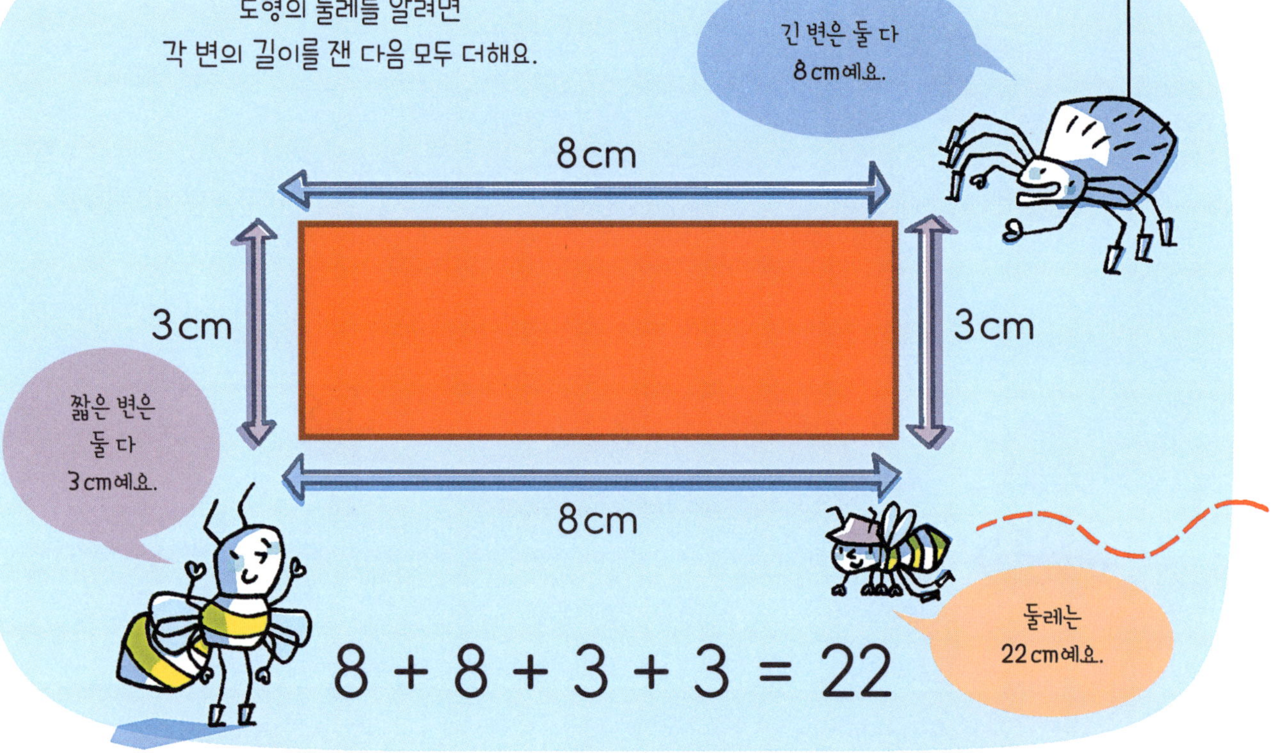

긴 변은 둘 다 8cm예요.

8cm

3cm　　3cm

짧은 변은 둘 다 3cm예요.

8cm

8 + 8 + 3 + 3 = 22

둘레는 22cm예요.

메뚜기가 달리기를 한 거리는 얼마일까요?

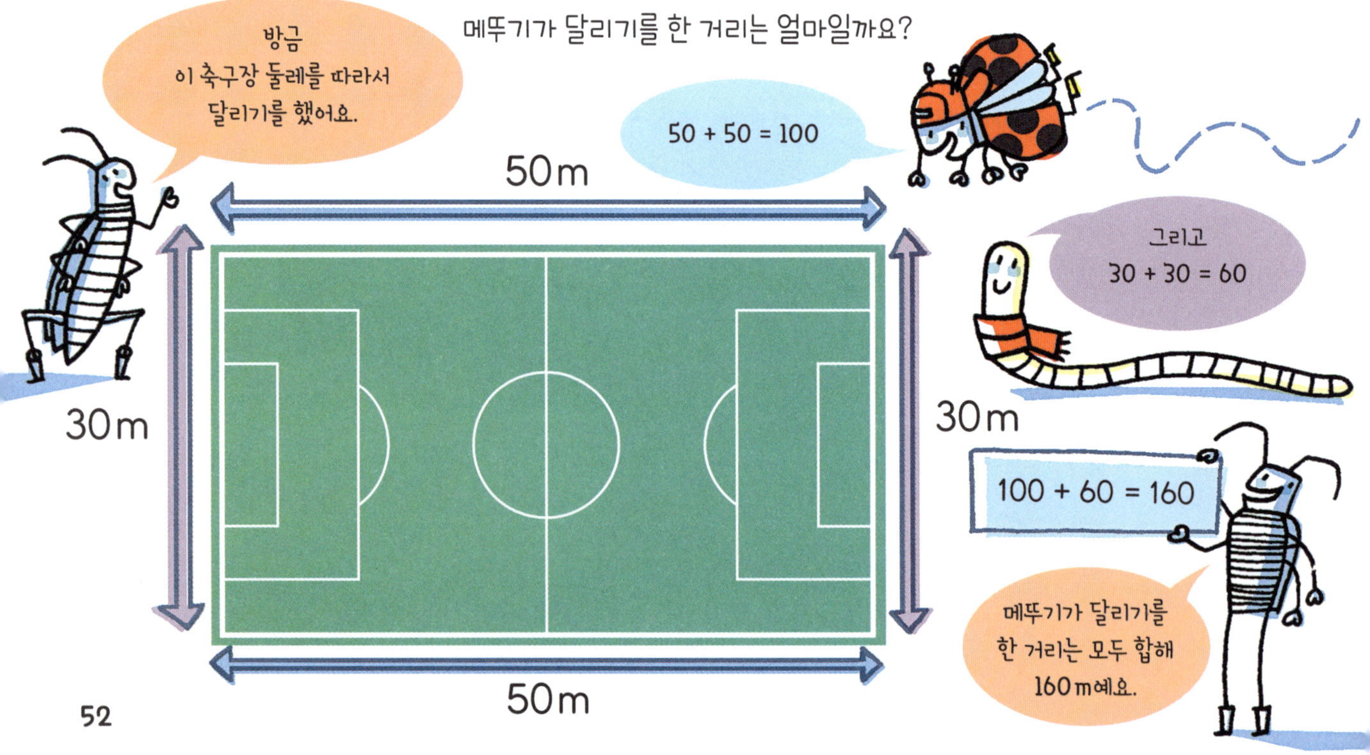

방금 이 축구장 둘레를 따라서 달리기를 했어요.

50 + 50 = 100

50m

30m　　30m

그리고 30 + 30 = 60

100 + 60 = 160

50m

메뚜기가 달리기를 한 거리는 모두 합해 160m예요.

평평한 표면의 안쪽 공간을 넓이라고 해요.

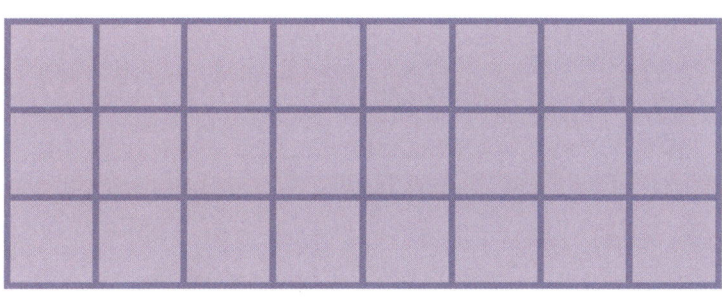

이 도형은 정사각형으로 이루어져 있어요. 넓이를 알려면 정사각형 개수를 세면 돼요.

정사각형은 모두 24개예요.

위 도형의 넓이를 구할 때 곱셈을 이용해요.

정사각형이 8개씩 3줄이에요.

3 × 8 = 24개

Q. 정사각형의 개수를 세어서 아래 도형들의 넓이를 비교해 보세요.

넓이가 가장 **큰** 도형은 어느 것인가요?

넓이가 가장 **작은** 도형은 어느 것인가요?

정사각형 개수가 가장 많은 것을 찾아요.

정사각형 개수가 가장 적은 것을 찾아요.

A

B

C

정답: A의 정사각형이 가장 많고, B의 정사각형이 가장 적어요.

어떤 물건이 얼마나 무거운지 알고 싶으면 무게를 재요.

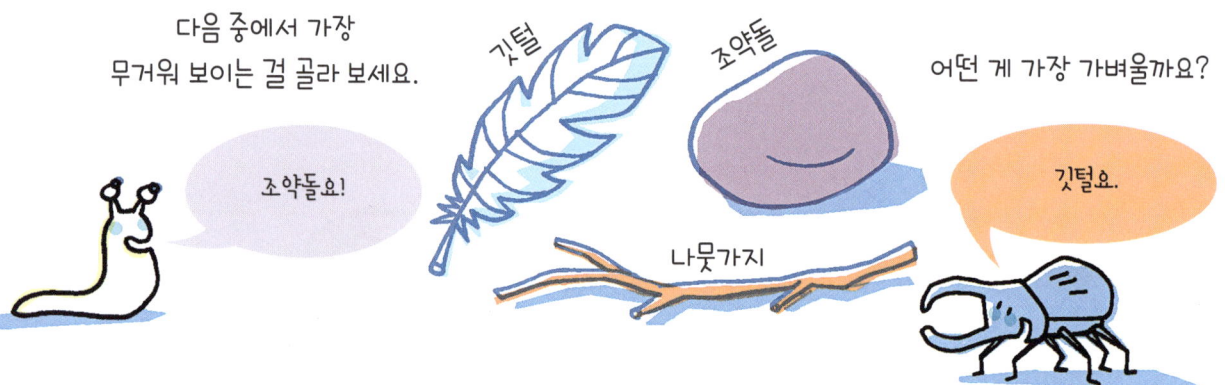

다음 중에서 가장 무거워 보이는 걸 골라 보세요.

조약돌요!

깃털

조약돌

나뭇가지

어떤 게 가장 가벼울까요?

깃털요.

똑같은 거라면 수가 많을수록 더 무거워요.

우리가 더 많이 타고 있으니까, 우리 무게 때문에 이쪽이 내려갔어요.

하지만 크기가 크다고 해서 언제나 작은 것보다 더 무거운 건 아니에요.

조그만 통조림이 커다란 비치볼보다 더 무거워요.

또 통조림의 질량이 더 나가요.

물건이 무엇으로 만들어졌고, 속에 무엇이 들었느냐에 따라 달라요.

'질량'이라고 말해야 할까요, '무게'라고 말해야 할까요?

일상생활에서는 질량이라는 말 대신에 무게라고 하는데, 그렇게 써도 괜찮아요. 하지만 수학과 과학에서 쓰는 정확한 용어는 질량이에요.

질량은 그램(g)과 킬로그램(kg)으로 측정해요.

가벼운 건 그램으로 측정하고…

…좀 더 무거운 건 킬로그램으로 측정해요.

1킬로그램은 1,000그램이에요.

때로는 무게가 얼마나 나갈지 대강 짐작해 보는 것도 필요해요.

이런 물건들은 무게가 대략 1g쯤 나가요.

이런 물건들은 무게가 대략 1kg쯤 나가요.

깃털 1킬로그램이 더 무거울까요, 돌멩이 1킬로그램이 더 무거울까요?

똑같아요! 무게가 둘 다 1킬로그램이니까요.

Q. 다음은 그램과 킬로그램 중에서 어떤 단위로 측정하면 좋을까요?

A 사람   B 털실   C 곰 인형

정답: A. 킬로그램, B, C. 그램

어떤 그릇이나 통에 담을 수 있는 양을 들이 또는 용량이라고 해요.

큐브를 이용해
들이를 측정할 수 있어요.

큐브(정육면체) 모양인
각설탕의 개수를 세어서
두 상자의 들이를
알아보아요.

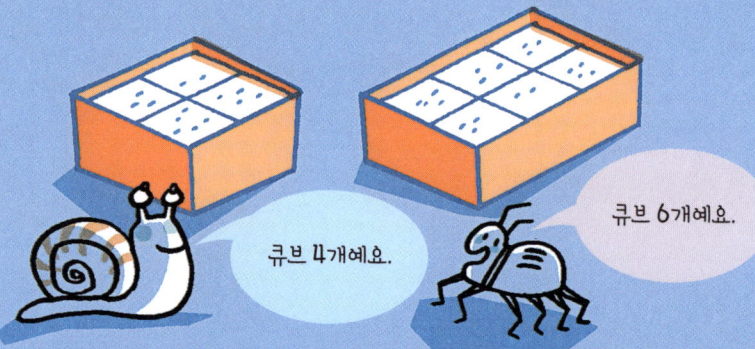

액체의 양을 측정할 때는 밀리리터(mL)와 리터(L)를 써요.

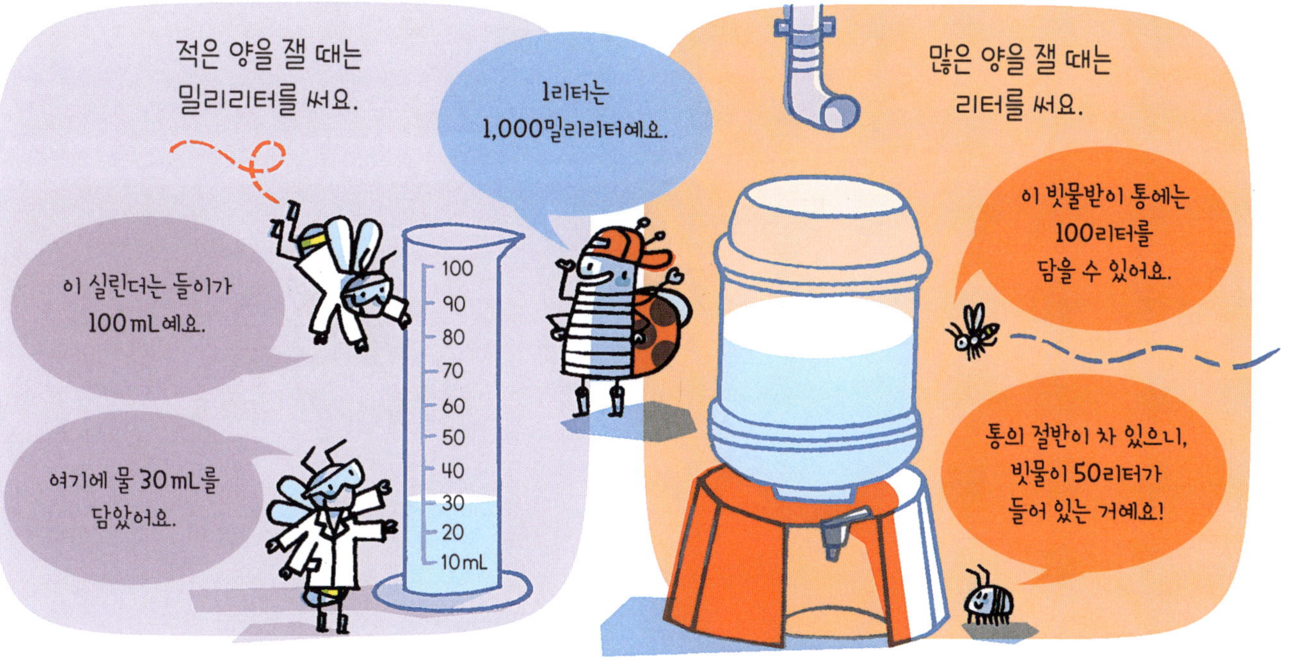

적은 양을 잴 때는 밀리리터를 써요.

1리터는 1,000밀리리터예요.

이 실린더는 들이가 100mL예요.

여기에 물 30mL를 담았어요.

많은 양을 잴 때는 리터를 써요.

이 빗물받이 통에는 100리터를 담을 수 있어요.

통의 절반이 차 있으니, 빗물이 50리터가 들어 있는 거예요!

다음에 장을 보러 가면, 물건마다 어떤 단위를 쓰는지 살펴보세요.
Q. 아래 물건들은 보통 어떤 단위를 쓸까요?

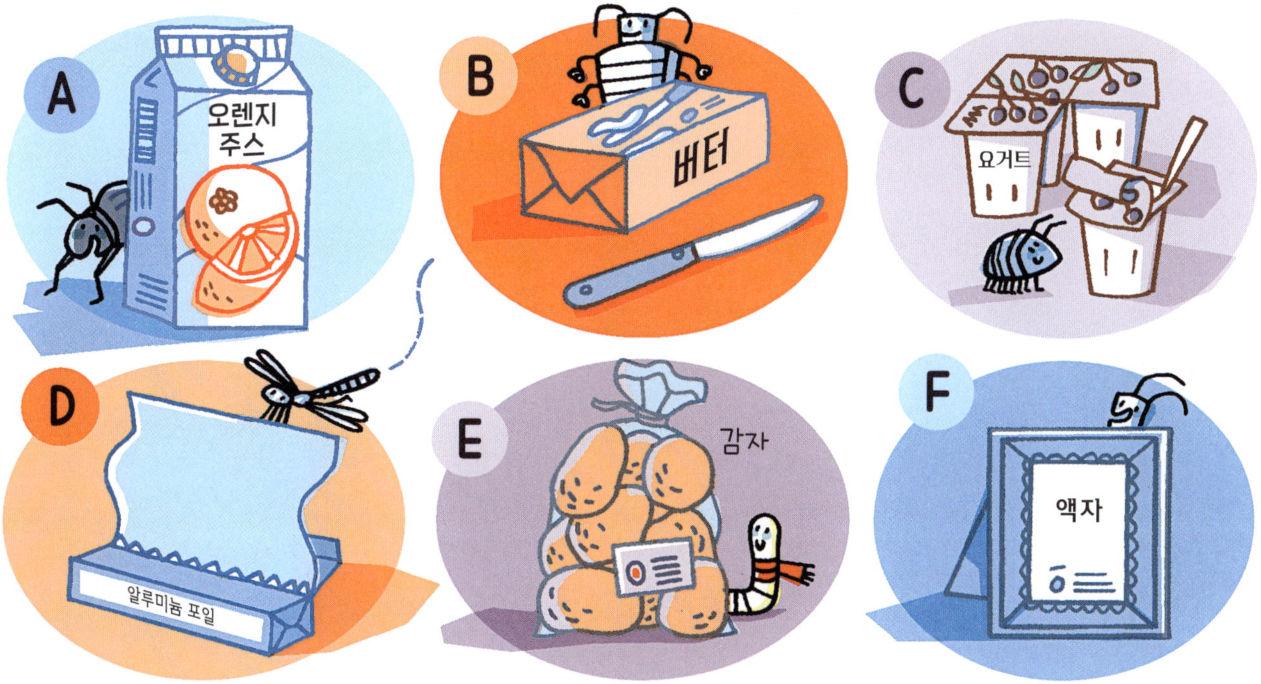

A 오렌지 주스

B 버터

C 요거트

D 알루미늄 포일

E 감자

F 액자

정답: A. 리터 B. 그램 C. 밀리리터 또는 그램 D. 미터 E. 킬로그램 F. 센티미터

시간 말하기

언제 일어난 일인지, 얼마나 오래 걸렸는지 시간을 말해 보아요.

어떤 날을 가리키는 단어들이 있어요.

또한 하루 중 어떤 때를 나타내는 단어들도 있죠.

시간을 재는 단위는 **초, 분, 시**예요.

벽시계, 손목시계와 디지털시계는 크게 두 가지 방법으로 시간을 나타내요.

디지털시계는 숫자를 사용해요.

쌍점 앞쪽의 숫자는 시를 알려 줘요.

쌍점 뒤쪽의 숫자는 분을 알려 줘요.

영어 AM은 **오전**, PM은 **오후**를 뜻해요.

예전부터 **시곗바늘**이 있는 시계를 많이 써 왔어요.

각 숫자는 하루 중 몇 **시**인지를 나타내요. **짧은바늘**이 시간을 가리키는 **시침**이에요.

작은 눈금은 **분**을 나타내요. **긴바늘**은 정각에서 몇 **분**이 지났는지를 나타내는 **분침**이에요. (60쪽을 보세요.)

시곗바늘은 이 방향으로만 움직여요. 그래서 시계 방향이라고 하죠.

1시간(60분)은 30분 둘로, 또한 30분은 15분 둘로 나눌 수 있어요.

긴바늘이 12를 가리키면, 그때는 몇 시 **정각**이에요.

짧은바늘이 1을 가리키고 있으니, 1시 정각이에요.

긴바늘이 30분의 절반만큼 갔어요.

1시 15분이에요.

아래는 긴바늘이 얼마나 움직였나요?

절반 움직였어요. 그래서 1시 30분을 1시 반이라고도 해요.

이제 긴바늘이 15분만 더 가면 다시 꼭대기에 도착해요.

꼭대기까지 가면 2시 정각이 돼요. 그래서 이때는 2시 15분 전이라고도 말해요.

시계를 볼 때, 분을 세어 시각을 말할 수 있어요.
'몇 시 몇 분' 또는 '몇 시 몇 분 전'이라고 말해요.

긴바늘이 그다음 숫자로 이동하기까지 5분 걸려요.

5씩 수를 세어 보세요. 긴바늘이 4에 있다면 5씩 세었을 때 5, 10, 15, 20이 돼요. 정각에서 20분이 지난 거예요.

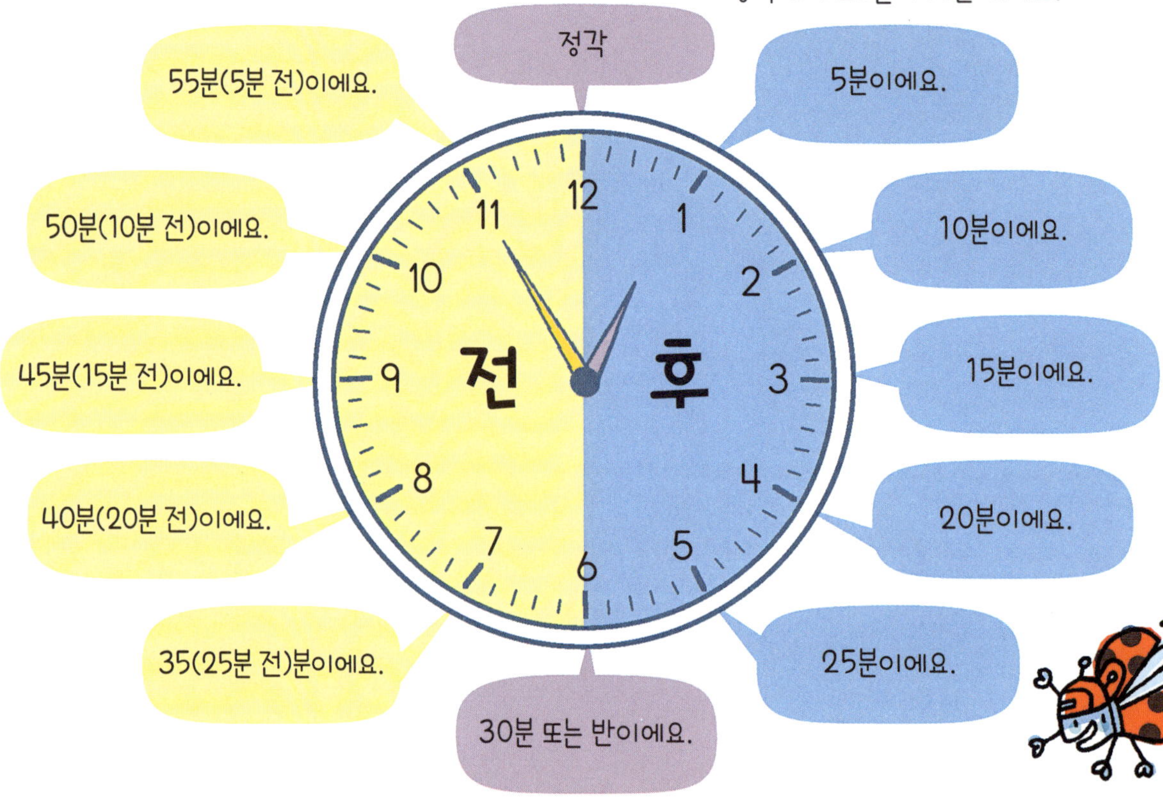

- 정각
- 55분(5분 전)이에요.
- 50분(10분 전)이에요.
- 45분(15분 전)이에요.
- 40분(20분 전)이에요.
- 35(25분 전)분이에요.
- 30분 또는 반이에요.
- 5분이에요.
- 10분이에요.
- 15분이에요.
- 20분이에요.
- 25분이에요.

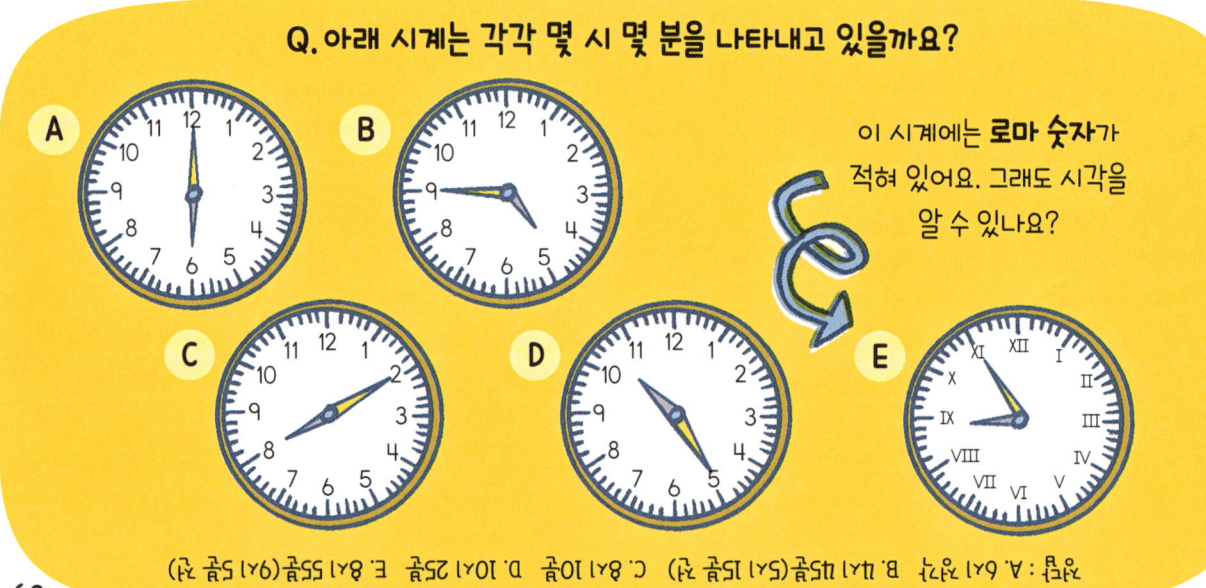

Q. 아래 시계는 각각 몇 시 몇 분을 나타내고 있을까요?

이 시계에는 **로마 숫자**가 적혀 있어요. 그래도 시각을 알 수 있나요?

정답: A. 6시 정각, B. 8시 45분(9시 15분 전), C. 8시 10분, D. 10시 25분, E. 8시 55분(9시 5분 전)

더 긴 시간은 **며칠(몇 날), 몇 주, 몇 달, 몇 년**으로 나타내요.

일주일은 **7일**이에요. 일주일의 순서는 다음과 같아요.

| 월요일 | 화요일 | 수요일 | 목요일 | 금요일 | 토요일 | 일요일 |

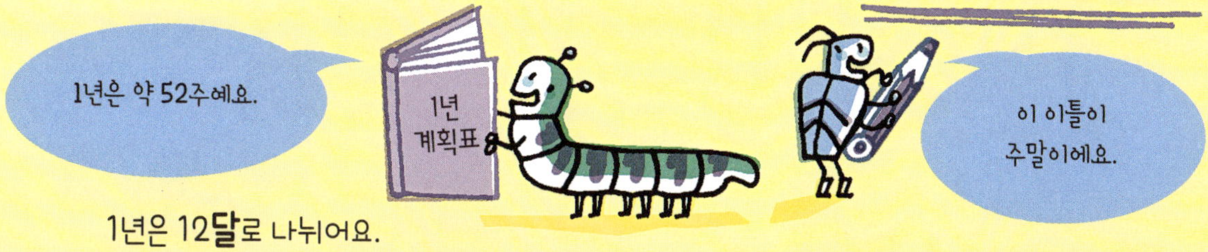

1년은 약 52주예요.

이 이틀이 주말이에요.

1년은 12**달**로 나뉘어요.

1월	2월	3월	4월
5월	6월	7월	8월
9월	10월	11월	12월

한 달은 약 30일로 이루어져 있어요. 숫자로 **날짜**를 나타내요.

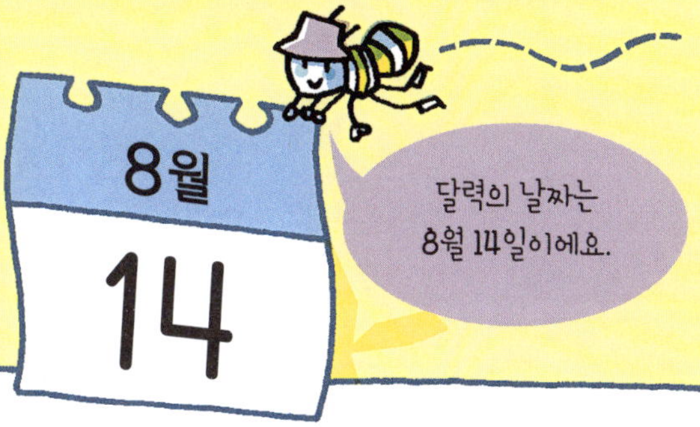

8월 14

달력의 날짜는 8월 14일이에요.

어느 달이 30일까지, 어느 달이 31일까지 있는지 주먹으로 쉽게 기억할 수 있어요.
두 주먹을 가지런히 놓고 뼈가 튀어나온 부분과 움푹 들어간 부분을 보세요.

튀어나온 부분에 해당하는 달은 31일까지 있는데…

2월은 대개 28일이지만, 윤년일 때는 29일까지 있고…

…그 밖의 달은 30일까지 있어요.

Q. 이 날짜의 다음 날은 며칠이고, 무슨 요일일까요?

수요일
4월 30일

Q. 이 날짜의 전날은 며칠이고, 무슨 요일이었을까요?

월요일
8월 1일

정답: 5월 1일 목요일

정답: 7월 31일 일요일

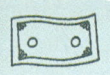

돈

우리는 돈을 내고 물건을 사요. 돈에는 동전과 지폐가 있어요.

물건을 살 때 신용카드나 스마트폰으로 계산할 수도 있어요.

나라마다 사용하는 **화폐의 단위**가 달라요.

세계 여러 나라의 화폐 단위와 기호를 살펴보세요.

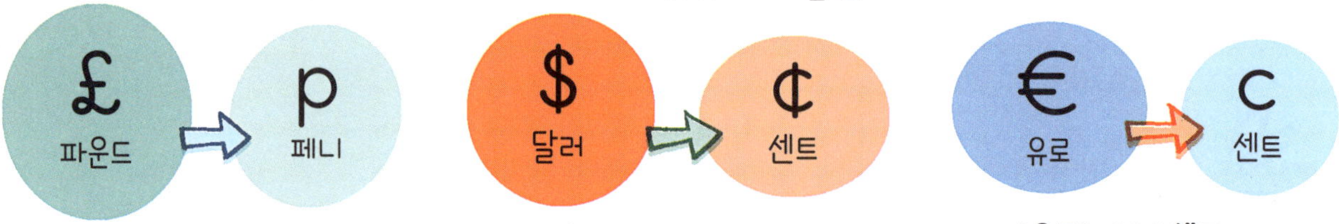

£ → p
파운드 → 페니
1파운드는 100**페니**예요.
(영국)

$ → ¢
달러 → 센트
1달러는 100**센트**예요.
(미국, 호주 등)

€ → c
유로 → 센트
1유로는 100**센트**예요.
(유럽)

화폐 기호를 숫자 **앞**에 쓰기도 하고,
(£, $, €, ₩ 등)

숫자 **뒤**에 쓰는 경우도 있어요.
(p, c 등)

유로 기호 €는 숫자 뒤에 쓸 때도 많아요.

여러 가지 동전을 모아서 원하는 금액을 얼마든지 나타낼 수 있어요.

500원을 만들 때도 여러 가지 방법을 쓸 수 있어요.

$100 \times 5 = 500$

동전이 모두 얼마인지 곱셈을 해서 알아보아요.

음료수가 1370원이라면, 다음 중 어떤 동전을 얼마나 내야 할까요?

거스름돈이 없으니 정확한 금액을 맞춰서 내야 해요.

금액이 높은 동전부터 시작해요.

$500 + 500 = 1000$

그다음엔 100원짜리 동전을 3개 더하고…

이제 50원짜리 1개와 10원짜리 2개를 더해요.

₩1370

500 + 500 + 100 + 100 + 100 + 50 + 10 + 10 = 1370원

장을 보러 가면 물건 값이 이렇게 표시되어 있어요.

₩1,900

1000원하고… …900원이에요.

백의 자리 앞에 **쉼표**가 있어요.
그러면 큰 수를 좀 더 쉽게 구별할 수 있지요.

₩3,750

3000원하고… …750원이에요.

₩1,020

1000원하고… …20원이에요.

다음 세 가지 물건을 샀다면, 전부 얼마일까요?

백의 자리를 먼저 더해요.

200 + 700 = 900

900원.

₩1200 샌드위치

₩700

₩1000

그다음에 천의 자리를 더해요.

1000 + 1000 = 2000
여기에 900원을 더하면…

₩2,900

거미는 사과 주스와 피자 한 조각을 주문했어요. 모두 얼마일까요?

메뉴

오렌지 주스 ₩2000
사과 주스 ₩2600
조각 피자 ₩2250
파스타 ₩3500

₩4850

모두 4850원이에요.

내야 할 금액보다 돈을 더 내서 **거스름돈**을 받아야 할 경우도 있어요.

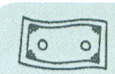

낸 돈과 물건 값의 **차이**가 거스름돈이에요.

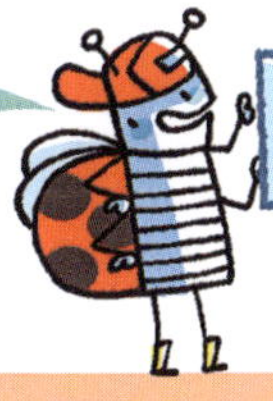

뺄셈식으로
나타낼 수 있죠.

낸 돈 - 물건 값 = 거스름돈

거미는 피자와 사과 주스를 먹은 값으로 5000원짜리 지폐를 냈어요.
거스름돈은 얼마일까요?

영수증
₩4850
5000

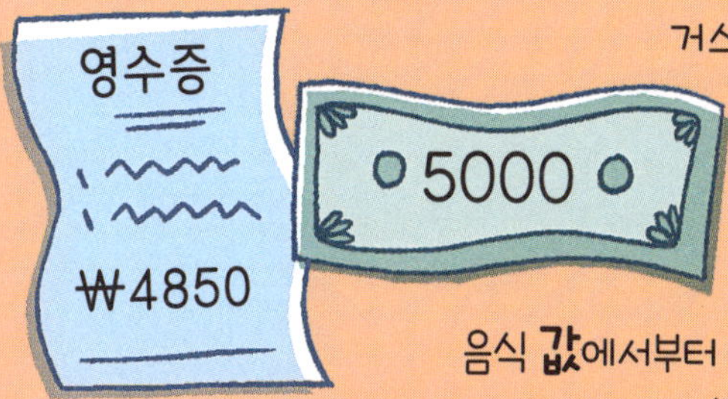

5000 - 4850 = ☆

음식 **값**에서부터 거미가 **낸 금액**까지 세어 나가면
더 쉽게 계산할 수 있어요.

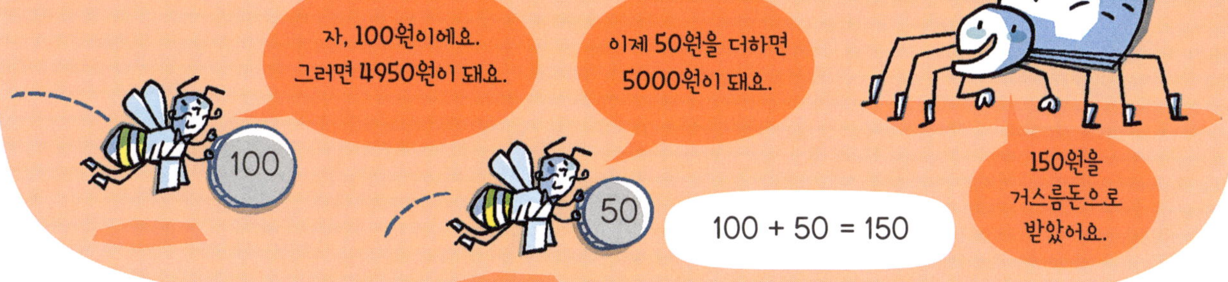

자, 100원이에요.
그러면 4950원이 돼요.
100
이제 50원을 더하면
5000원이 돼요.
50
150원을
거스름돈으로
받았어요.

100 + 50 = 150

Q. 다음 문제를 풀어 보세요.

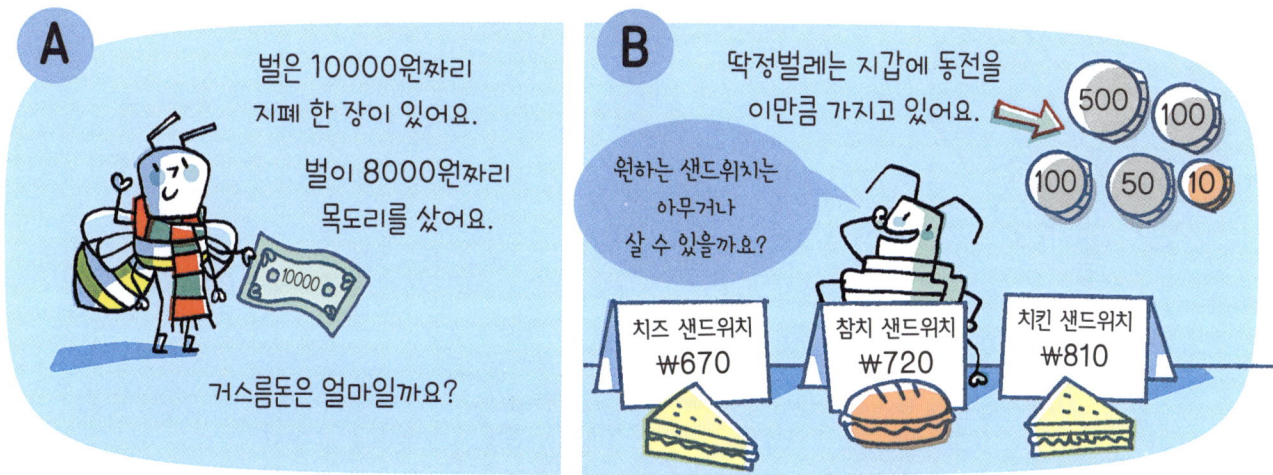

A

벌은 10000원짜리
지폐 한 장이 있어요.

벌이 8000원짜리
목도리를 샀어요.

10000

거스름돈은 얼마일까요?

B

딱정벌레는 지갑에 동전을
이만큼 가지고 있어요.

500
100
100
50
10

원하는 샌드위치는
아무거나
살 수 있을까요?
치즈 샌드위치
₩670
참치 샌드위치
₩720
치킨 샌드위치
₩810

정답 : A. 2000원 B. 아니요, 치즈 또는 참치 샌드위치만 살 수 있어요.

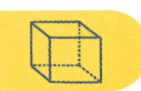

도형

도형은 아주 다양해서 온갖 모양이 다 있어요. 또한 입체 도형도 있어요.

수학에서 평평한 도형은 **2차원 도형** 또는 **평면 도형**이라고 해요. 모양에 따라 **변**과 **꼭짓점**의 개수가 달라요.

변
꼭짓점은 두 개 이상의 변이 만나는 곳이에요.
꼭짓점
꼭짓점은 평면 도형과 입체 도형에서 다 찾아볼 수 있어요.

2차원 도형이란 무슨 뜻일까요?

2차원은 도형에서 2가지 차원, 즉 두 방향으로 수치를 잴 수 있다는 뜻이에요.

직선은 수치가 한 개뿐이니까 **1차원**이에요.

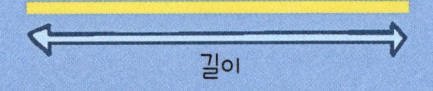
길이

평면 도형은 수치가 두 개예요. 그래서 **2차원**이에요.

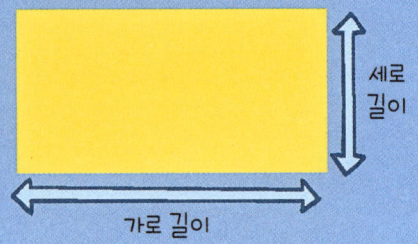
세로 길이
가로 길이

입체 도형은 수치가 세 개예요. 그래서 **3차원**이에요.

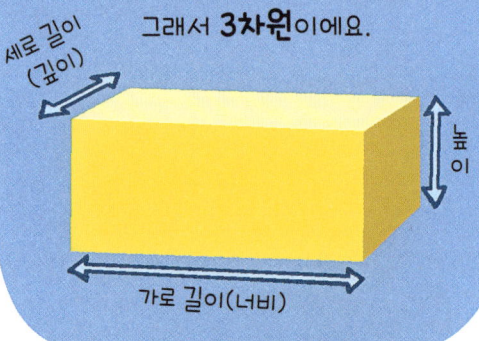
세로 길이 (깊이)
높이
가로 길이(너비)

어떤 도형은 **대칭**을 이루어요. 도형의 절반이 나머지 절반과 똑같다는 뜻이에요.

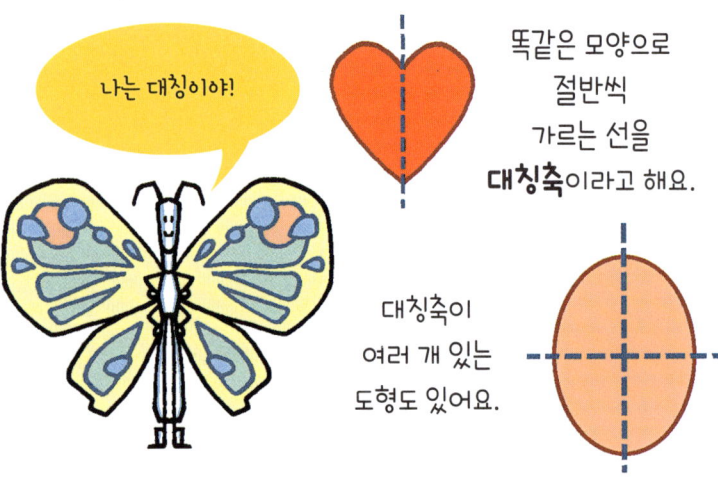

나는 대칭이야!
똑같은 모양으로 절반씩 가르는 선을 **대칭축**이라고 해요.
대칭축이 여러 개 있는 도형도 있어요.

종이에 여러 가지 도형을 그리고 가위로 자른 다음, 반으로 접어 보세요.

접어서 양쪽이 정확히 겹치면, 대칭이에요.

여러 가지 도형은 저마다 자기 이름이 있어요.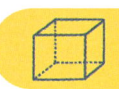

삼각형

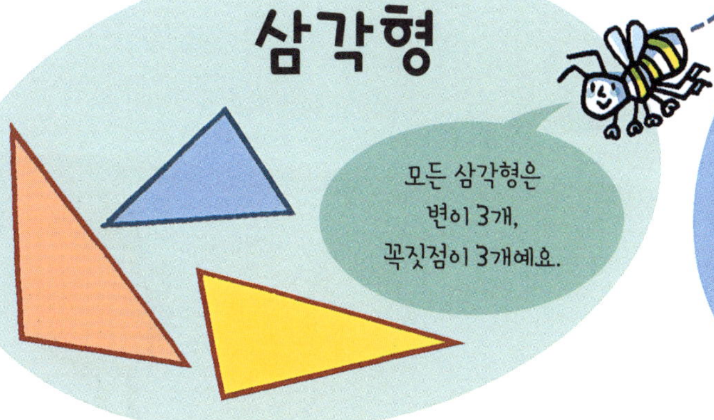

모든 삼각형은 변이 3개, 꼭짓점이 3개예요.

오각형

모든 오각형은 변이 5개, 꼭짓점이 5개예요.

직사각형

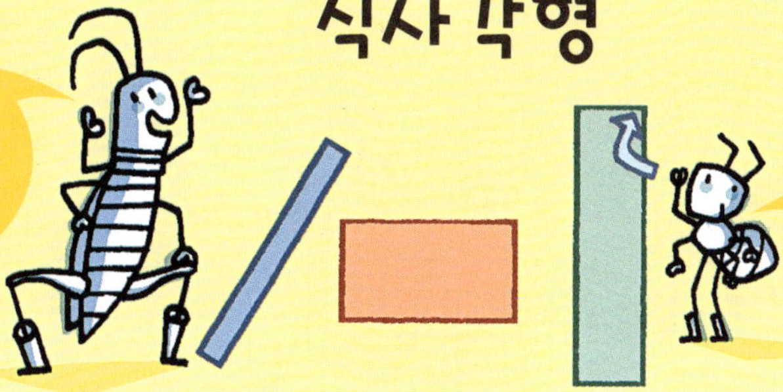

모든 직사각형은 변이 4개, 꼭짓점이 4개예요. 서로 마주 보는 변은 길이가 같아요.

직사각형의 꼭짓점은 두 변이 만날 때 벌어진 정도(각)가 똑같아요. 이런 꼭짓점을 직각이라고 해요.

모든 **변의 길이**와 모든 **각의 크기**가 같은 도형을 '**정다각형**'이라고 해요.

정삼각형　　**정**오각형　　**정**육각형

육각형은 변이 6개, 꼭짓점이 6개예요. 정육각형은 변 6개의 길이가 모두 같고, 각 6개의 크기도 모두 같아요.

정사각형은 변 4개의 길이가 다 같고, 꼭짓점 4개가 모두 직각이에요.

정사각형　　원

원에는 뾰족한 부분이 없어요. 원 한가운데에서 테두리까지 닿는 거리가 어디든 똑같아요.

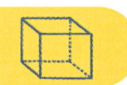

3차원 도형, 즉 입체 도형의 몇 가지 예를 살펴보아요.

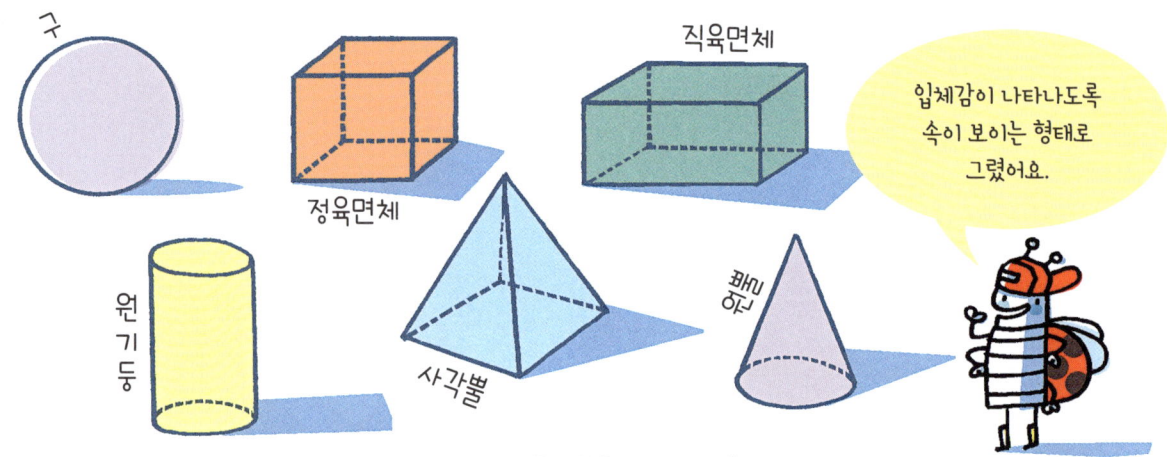

위의 입체 도형과 비슷한 물건들을 주변에서 찾아보세요.

여러 가지 입체 도형을 밀어 보세요. 어떤가요?

Q. 다음 물건들은 어떤 입체 도형일까요?

A B C

정답 : A. 원기둥 B. 원뿔 C. 직육면체

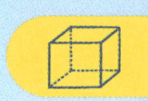

**도형마다 고유의 성질이 있는데,
도형의 성질을 이용해 도형을 서로 비교하고 설명할 수 있어요.**

입체 도형은 변과 꼭짓점뿐만 아니라 **면**의 개수도 셀 수 있어요.

다음 입체 도형의 성질을 비교해 보세요.

도형	변	꼭짓점	면
정육면체 / 직육면체	12	8	6
구	0	0	1
원기둥	2	0	3
사각뿔	8	5	5
원뿔	1	1	2

69

위치와 방향

물건이 어디에 있고, 어느 쪽으로 움직이는지 말할 때 쓰는 단어들을 살펴보세요.

회전을 표현할 때 쓰기 좋은 단어들도 있어요.

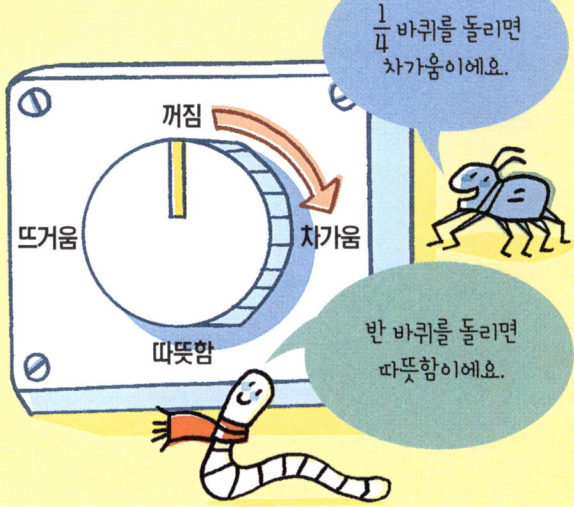

이 조절기는 시계 방향으로 돌아가요. 각 온도 표시에 맞추려면 얼마나 돌려야 할까요?

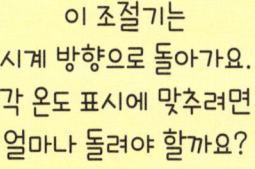

$\frac{3}{4}$ 바퀴를 돌리면 뜨거움이에요.

$\frac{1}{4}$ 바퀴를 돌리면 차가움이에요.

반 바퀴를 돌리면 따뜻함이에요.

$\frac{1}{4}$ 바퀴를 돌리는 것을 직각 이동이라고 말할 수도 있어요.

'꺼짐'에서 출발해 완전히 한 바퀴를 돌면, 다시 '꺼짐'이 돼요.

무당벌레를 따라서 여러분도 직접 회전을 해 보세요.

시작 　 오른쪽으로 $\frac{1}{4}$ 바퀴 　 왼쪽으로 반 바퀴 　 오른쪽으로 $\frac{3}{4}$ 바퀴 　 어느 쪽이든 한 바퀴

개미가 미로에서 길을 잃었어요. 출구로 나갈 수 있게 길을 알려 주세요.

정사각형 하나가 한 칸이에요.

개미가 방향을 틀 때마다 여러분도 개미와 같은 방향을 보도록 책을 돌려 보세요.

① 앞으로 2칸 가서, 왼쪽으로 틀어요.

② 곧바로 3칸을 간 다음, 다시 왼쪽으로 틀어요.

③ 앞으로 4칸을 가서, 오른쪽으로 $\frac{1}{4}$ 바퀴 돌아요.

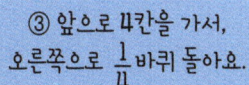

출구

④ 이제 곧바로 가면 출구예요!

규칙과 배열

도형을 **배열**할 때 특별한 순서로 늘어놓을 수 있어요.
일정한 순서로 되풀이하면 **규칙**이 만들어져요.

노란 정사각형, 파란 정사각형 순서로 도형이 배열되어 있어요.

이 규칙에 따르면, 다음에 올 정사각형은 무슨 색일까요?

파란색이에요!

세 가지 도형이 어떤 규칙에 따라 배열되어 있어요.

이 규칙에 따르면, 다음에는 어떤 도형이 올까요?

노란색 직사각형이죠.

Q. 다음 문제를 풀어 보세요.

A 규칙에 따르면 빈자리에 들어갈 벌레는 무엇일까요?

B 다음에 나올 화살표는 어느 방향을 가리킬까요?

화살표는 시계 방향으로 $\frac{1}{4}$ 바퀴씩 돌고 있어요.

정답: A. 개미, B. 아래쪽

숫자도 규칙에 따라 배열할 수 있어요.

어떻게 배열되었는지 알려면, 어떤 규칙이 숨어 있는지 잘 살펴봐야 해요.
다음은 어떤 규칙이 있나요?

각각의 무당벌레는 바로 앞의 무당벌레보다 점이 2개 더 많아요.

다음엔 어떤 무당벌레가 올까요?

나예요! 점이 10개 있어요.

아래 배열에는 어떤 규칙이 있을까요?

| 17 | 15 | 13 | 11 | 9 | 7 |

− 2   − 2

노란색과 연두색이 번갈아 나오고 있어요.

그리고 수가 2씩 작아져요.

이어서 무엇이 나올까요?

$7 - 2 = 5$

노란색 직사각형에 숫자 5예요!

파리가 모양, 크기, 색깔을 이용해 순서를 만들고 있어요.

각 도형을 다음번 도형과 비교해 보세요. 파리는 무엇을 어떻게 바꾸고 있나요?

크기가 커졌어요. 이제는 삼각형이에요. 색이 바뀌었어요. 이젠 작아졌어요.

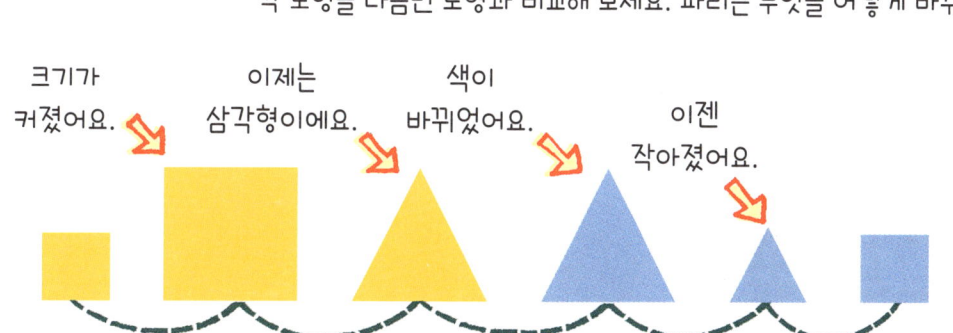

크기   모양   색깔   크기   모양

이제 다시 노란색 작은 정사각형으로 돌아가서, 이 배열을 반복할 거예요!

여러분이 직접 규칙을 만들어서 배열해 보세요.

도형 또는 숫자를 사용해요.

어떤 규칙으로 할지 생각해 보세요. 무엇을 어떻게 바꿀까요?

자신이 만든 배열을 친구에게 보여 주세요. 다음에 무엇이 올지 친구가 알아맞힐까요?

△ ☐ ☆ ○ △ ☐ ☆ ○ △ ☐ ☆ ○ △ ☐ ☆ ○ △ ☐ ☆ ○ △

자료 이용하기

자료는 여러 사실을 모은 거예요. 자료를 잘 정리하면 유용한 정보를 한눈에 알아볼 수 있어요.

수를 셀 때 작대기를 그어 표시하면 알아보기 편해요.

다음은 벌레 선수들이 가장 좋아하는 과일을 작대기로 표시한 표예요.
선수는 모두 24마리이고, 각자 좋아하는 과일을 하나씩 고르게 했어요.

위와 같은 정보를 그림그래프로 나타낼 수 있어요.

그림그래프는 모은 자료를 그림으로 나타낸 거예요.

그 과일을 선택한 선수의 수만큼 과일 그림으로 나타냈어요.

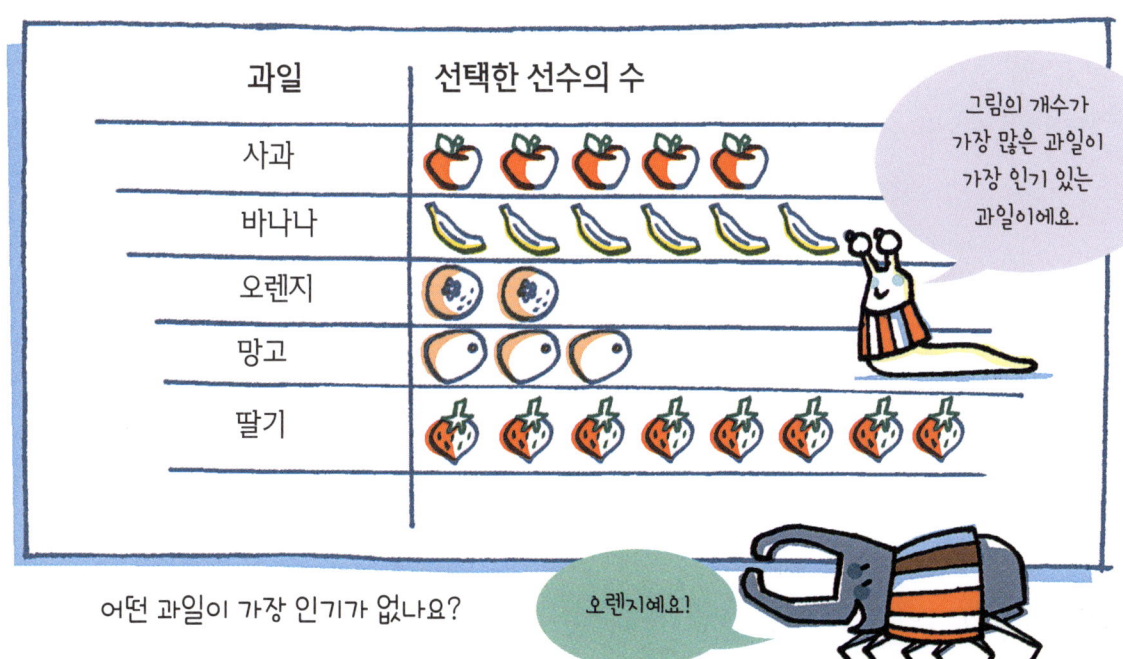

어떤 과일이 가장 인기가 없나요?

오렌지예요!

모은 자료는 간단하게 표로 나타낼 수 있어요.

오른쪽 표는 딱정벌레가 센 여러 탈것의 대수예요.

표는 정보를 알기 쉽게 깔끔하게 나타내야 해요.

탈것의 종류	대수
승용차	6
트럭	2
자전거	2
버스	1
오토바이	4

여러 사실이나 정보를 비교할 때 그래프로 나타내면 알기 쉬워요.

표에 적힌 자료를 이런 그래프로 나타낼 수 있어요.

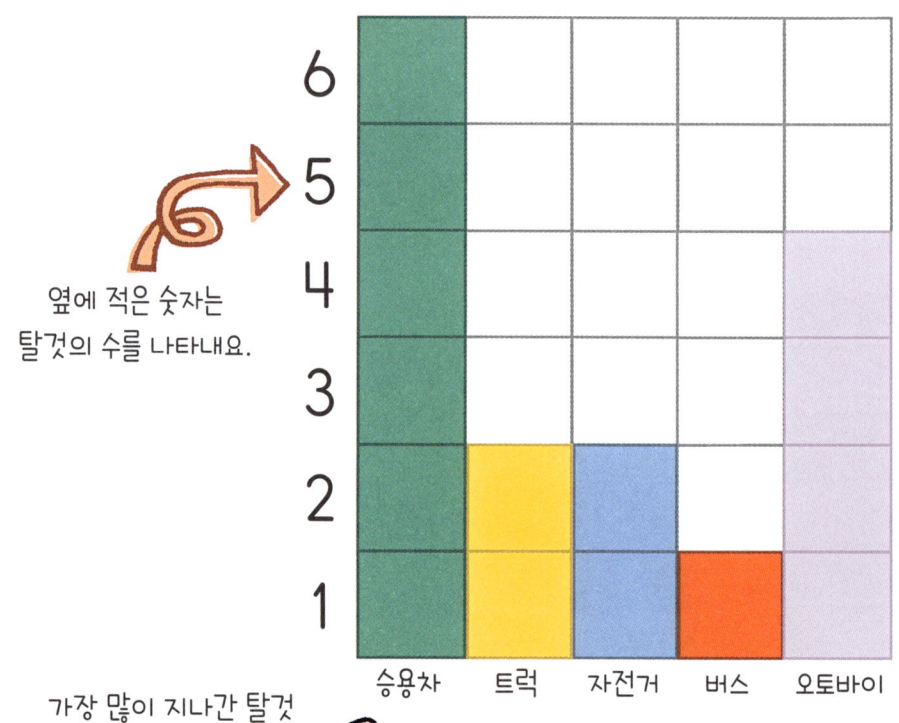

옆에 적은 숫자는 탈것의 수를 나타내요.

탈것 한 대마다 한 칸씩 색을 칠했어요.

탈것 종류에 따라 다른 색깔로 나타냈어요.

가장 많이 지나간 탈것 두 가지는 무엇인가요?

승용차와 오토바이예요.

도로가 붐비지 않게 하려면 어떻게 해야 할까요?

승용차를 타지 말고, 버스를 타거나 걸어가요!

많은 수를 다룰 때는 **막대그래프**를 쓰는 게 편리해요.

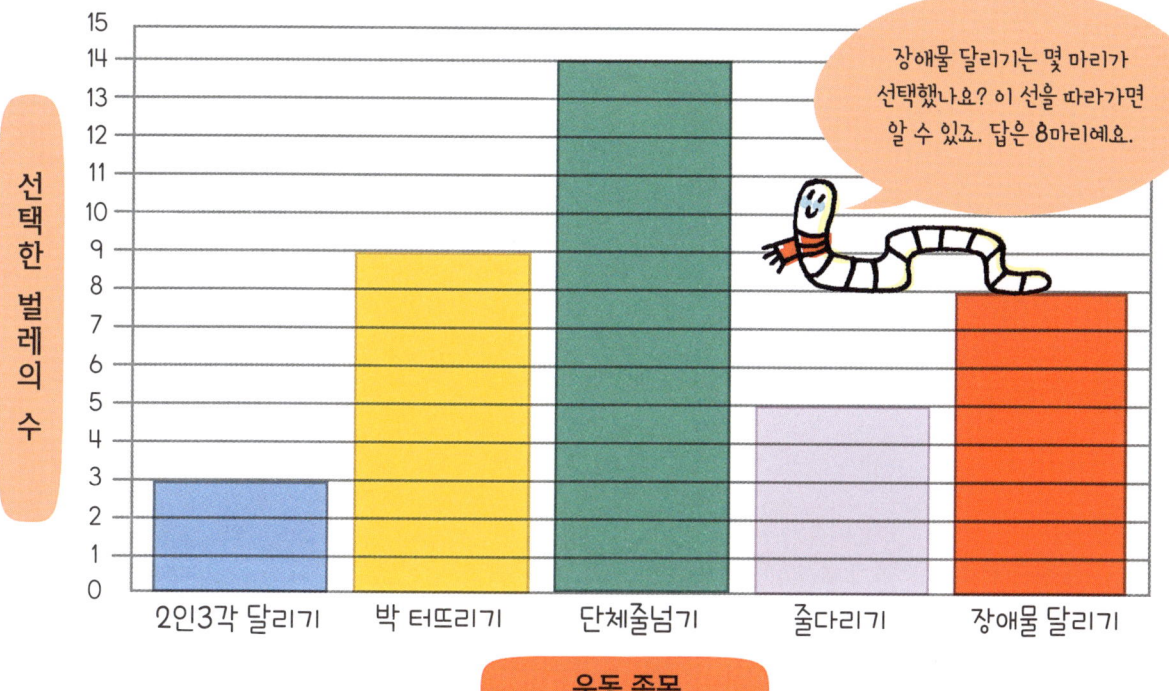

벌레들은 운동회 때 할 3가지 종목을 투표로 정하기로 했어요. 투표는 각자 한 종목만 선택할 수 있어요.

막대는 운동 종목을 나타내요. 막대가 닿은 맨 위의 숫자가 그 종목을 선택한 벌레의 수를 나타내요.

장애물 달리기는 몇 마리가 선택했나요? 이 선을 따라가면 알 수 있죠. 답은 8마리예요.

Q. 위의 막대그래프를 보고 다음 질문에 답하세요.

A. 가장 **인기 있는** 종목 3개는 무엇인가요?

B. 가장 **인기 없는** 종목은 무엇인가요?

C. 단체줄넘기는 2인3각 달리기보다 몇 마리가 더 투표했나요?

D. 투표한 벌레는 **모두** 몇 마리인가요?

정답 : A. 단체줄넘기, 박 터뜨리기, 장애물 달리기 B. 줄다리기 C. 11마리 D. 39마리

낱말 풀이

이 책에 나온 수학 용어의 뜻을 살펴봐요.

2차원 가로와 세로, 이렇게 두 치수를 가짐. 평면 도형은 2차원 도형.
3차원 가로와 세로와 높이, 이렇게 세 치수를 가짐. 입체 도형은 3차원 도형.
10의 보수 두 수를 합했을 때 10이 되는 수.

곱셈 같은 수를 한 번 이상 더하는 것.
구 완전히 동그란 공 모양. 표면에 있는 모든 점은 중심에서부터 거리가 똑같음.
그림그래프 자료를 그림으로 나타낸 그래프.
꼭짓점 두 변이 각을 이루어 만나는 점.

나눗셈 똑같이 가르기.
넓이 평평한 표면의 안쪽 공간. 면적.

단위 길이에 센티미터를 쓰거나 질량에 그램을 쓰는 등 사물을 측정할 때 기준이 되는 것.
도형의 성질 도형을 비교할 때 사용할 수 있는 변이나 꼭짓점, 면의 개수 등을 말함.
둘레 평면 도형에서 가장자리를 한 바퀴 돈 길이.
들이 입체 도형의 내부 공간. 용량.
뛰어 세기 어떤 수를 출발점으로 삼아 일정한 수만큼 건너뛰어 세는 것.

막대그래프 자료 표현의 한 방식으로, 많고 적은 양을 막대기의 높낮이나 길이로 나타낸 그래프.
면 2차원 도형으로, 입체 도형의 표면을 가리키는 말.

변 도형을 이루는 직선(선분).

부피 입체 도형 등 어떤 물체가 차지하는 공간.
분수 2분의 1처럼 전체에 대하여 부분을 나타낸 수.
뺄셈 어떤 수에서 다른 수를 빼거나, 두 수를 비교해서 차이를 아는 것.

수의 자리 일, 십, 백, 천, 만 등 숫자가 자리하는 위치.
숫자 0~9까지의 숫자를 이용해 여러 가지 수를 만들 수 있음.
시계 반대 방향 시곗바늘이 돌아가는 반대 방향.
시계 방향 시곗바늘이 돌아가는 방향.

어림수 계산을 더 쉽게 하기 위해 수를 조금 높이거나 낮추어 만든 수.
오각형 변 5개와 꼭짓점 5개로 이루어진 평면 도형.
육각형 변 6개와 꼭짓점 6개로 이루어진 평면 도형.

자료 여러 사실을 모은 것. 데이터.
정사각형 변의 길이와 각의 크기가 모두 같은 사각형.
정삼각형 변의 길이와 각의 크기가 모두 같은 삼각형.
직각 정사각형이나 직사각형에서 두 변이 만나는 꼭짓점의 각. 90도.
직육면체 모든 꼭짓점이 직각인 직사각형 면 6개로 이루어진 입체 도형.
짝수 2로 정확히 나누어지는 숫자.

홀수 2로 나눌 수 없는 수.

찾아보기

다음 단어가 어디에서 나왔는지 찾아볼 수 있어요.

ㄱ

가르기 23, 24
거리 46, 47, 50, 51, 52, 67
곱셈 5, 28-41, 53, 63
곱셈구구(표) 35, 36, 38-39, 40
규칙 5, 17, 36, 39, 72-73
길이 5, 42, 46, 48, 49, 50, 51, 52, 66, 67

ㄴ

나눗셈 5, 29-37, 40-41
날짜 61
너비(폭) 6, 46, 50, 66
넓이 47, 53

ㄷ

단위 19, 49, 51, 55, 57, 58, 62
덧셈 5, 14-27, 30
도형 5, 43, 52-53, 66-69, 72, 73
돈(화폐) 4, 62-65
두 배 4, 28, 34, 38, 39, 48
둘레 47, 52
들이 46, 49, 56, 57

ㅁ

몇십 만들기 22
묶음 9, 44

ㅂ

배열 11, 40, 72-73
보수(10의 보수) 18, 19, 21
부피 46
분수 42-45
뺄셈 5, 14-27, 30, 65

ㅅ

세로셈 25
세로줄 13, 25, 30, 40
수직선 19, 22, 23, 24, 32-33
시간 4, 47, 58-61

ㅇ

어림수 20-21

ㅈ

자 6, 37, 50-51

(오른쪽 단)

자료 74-76
작대기 7, 75
저울 6, 49
절반(반) 12, 34, 42, 44, 45, 48, 56, 57, 59, 60, 66, 71
질량 47, 49, 54, 55
짝수 5, 10, 34, 35

ㅎ

한 자리 수 10, 37
홀수 5, 10, 34, 41

책에 나오는 단어가 ㄱ부터 ㅎ까지 순서대로 적혀 있어요.

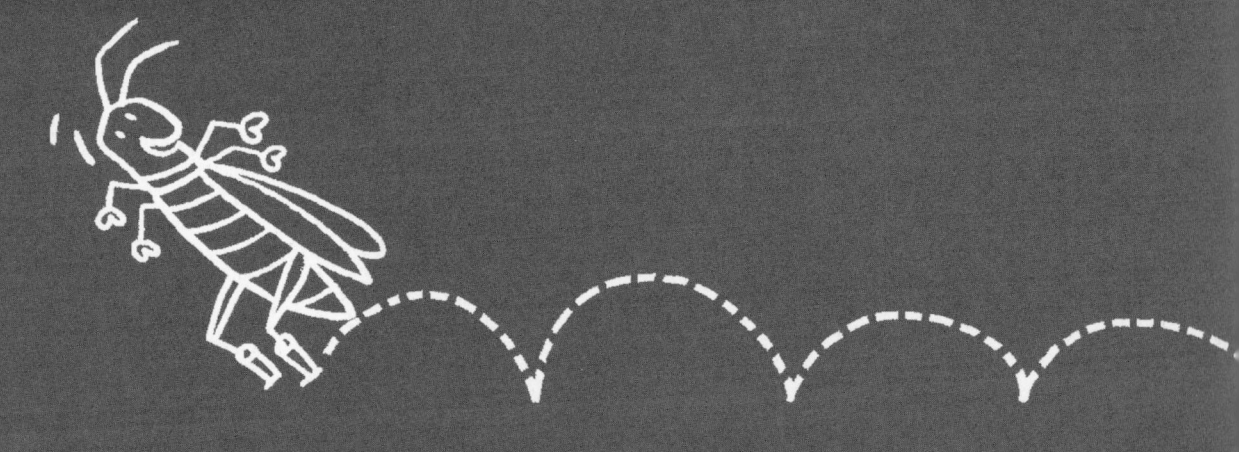